乱世晋朝

姜若木◎编著

述说历代春秋

中国文史出版社

图书在版编目(CIP)数据

乱世晋朝 / 姜若木编著. —北京：中国文史出版社，2018.12

(述说历代春秋)

ISBN 978-7-5205-0753-0

Ⅰ.乱… Ⅱ.姜… Ⅲ.中国历史—晋代 Ⅳ.K237

中国版本图书馆 CIP 数据核字（2018）第 257989 号

责任编辑：殷旭

出版发行：中国文史出版社

网　　址：www.wenshipress.com

社　　址：北京市西城区太平桥大街 23 号　邮编：100811

电　　话：010-66173572　66168268　66192736（发行部）

传　　真：010-66192703

录　　排：张雪

印　　装：廊坊市海涛印刷有限公司

经　　销：全国新华书店

开　　本：16 开

印　　张：17　　字数：210 千字

版　　次：2019 年 7 月北京第 1 版

印　　次：2019 年 7 月第 1 次印刷

定　　价：48.00 元（全套 528.00 元）

前 言

如果用一个字来概括两晋的历史，在我眼中，就是“乱”。

这一“乱”字表现在以下几点。首先这是一个伦理思想混乱的时代。在中国的封建历史上，自汉以来，从来没有过哪一时期受儒家思想的束缚如此之小。士族们都以谈玄为荣，以谈儒为耻，玄而又玄的思想充斥了这个时代，进入了每一个人的生活，在放纵了思想的同时，也放纵了人们的行为。所以两晋时期又是一个伦理纲常混“乱”的时期。

没有了伦理，没有了上下，兄弟之间一切都以利益为重。“八王之乱”是国家的动乱，是社会的动乱，同时也是伦理纲常的混乱。正是没有了“君君、臣臣、父父、子子”的限制，进入东晋以后，强大的世家门阀可以随意更替天子，以至于问鼎。一百多年的东晋历史实际上就是门阀政治的兴衰史，“天子”与“皇权”不过是门阀政治的装点而已。

两晋的历史，无疑是中国历史上一段社会极为动荡的“乱”世。华夏纷乱，长江两岸、南北社会同时动荡不安。先是皇室内乱，八王纷争，后是五胡乱华，北人南渡，而后又门阀更替不断。在这一“乱”世中，人命如草，最缺的是人，最被残虐的也是人。在这个时代里，白骨如山，屠城简直就是家常便饭。一次屠杀，少则几千人，多则几万，甚至十几万人。排除异己是这一时代所有枭雄的“正常思维”，在他们的眼中，人是最脆弱，也是最可怕的，不为我所用者，必须尽快铲除。另外，在战斗中报复性的屠杀就更为常见了。

两晋是不同民族、不同宗族思想相互混杂，“乱”在一起的时候。当时，因时势的变迁，居住在北方早已被汉化的少数民族纷纷内迁，这一结果就是使早已经汉化后的少数民族，在破坏摧毁中原文明的同时，也在进一步接受、亲近汉族文化。本来过着半原始生活的游牧民族，其文明程度在很短的时间内迅速提高，从单纯的游牧生活，迅速转变为半游牧、半农耕的生活。更为重要的是，他们模仿汉族文化，建立起了一个又一个的政权。虽然都不长久，往往一战而亡国，而从兴到亡的这一过程，本身也成为了汉化的重要步骤。

“乱”是这一时代的特征，也是其历史发展的必然结果。中国封建思想的确立是漫长的，代表中国封建思想特征的就是儒学，但儒学是在汉朝武帝时期才得以确立的思想。而在汉朝，在吸取了秦亡教训，否定了独尊法家，以吏为师的同时，汉人是既重视黄老的无为，也重视儒家的入世的。所以，如果说两晋时期是对中国封建统治思想的进一步筛选的话，那么其所有表现，就可以看成是在独尊黄老后的社会状况。以吏为师，驱民为奴，必将人心崩溃，同起反抗；而以黄老治国，以无为而达无所不为，虽有利于休养生息，却不利于长治久安，往往导致奢靡之风盛行，将帅各怀其志，久则生变，四海分崩。

不过，自两晋以后，中国封建社会统治思想的真正确立还需要经过一个相当长的时间，直到隋唐才形成了以孔孟为本，黄老与申韩并用的统治模式。总之，两晋社会是“乱”的社会，这一“乱”的结果，有其偶然性，也有历史的必然性。

目　录

三马食槽江山变，祖孙三代篡帝位。

第一章
西晋王朝的建立

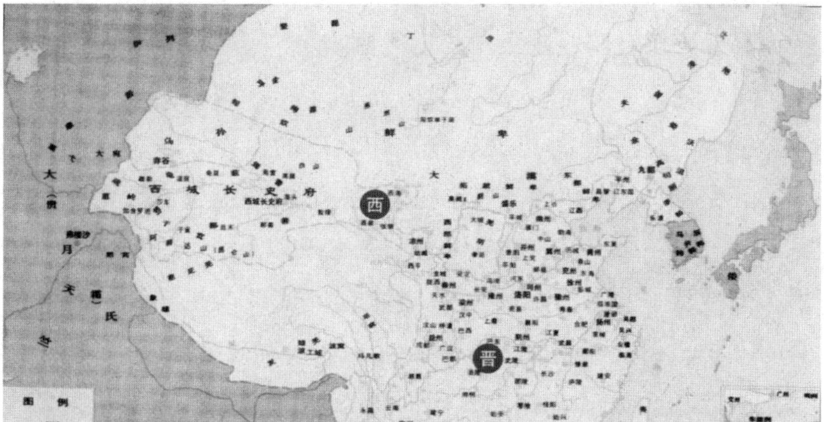

一、曹魏政权下的司马氏家族

西晋为三国时的司马氏家族篡取曹魏政权所建，其建立于公元 265 年，于公元 316 年灭亡；其始于武帝司马炎，终于愍帝司马邺，共存在了五十二个春秋，是我国历史上一个短暂的统一王朝。西晋虽为武帝司马炎所建，但其帝业的基石是由司马炎的祖父，曹魏政权时期的权臣司马懿所奠定。

司马懿，字仲达，于汉灵帝光和二年，即公元 179 年生于河内郡温县孝敬里，也就是今天河北省的焦作安乐寨村。司马氏家族是河内郡的世家望族，据说其宗族为祝融的后裔，原本并不姓司马。司马氏家族的先祖在祝融以后，历尧、舜、禹、夏、商数代，世代充任夏官。夏官在周代以前是掌管军政和军赋的官职，到了西周，周人将夏官一职改称为“司马”，由于司马氏家族功勋显赫，在周宣王时被恩准以“司马”这一官名为姓氏，自此才有了司马氏。而司马氏家族定居河内一事，还要从楚汉时期说起。秦朝末年，天下大乱，各方起义势力都建立起了自己的政权。当时的赵将司马卬与诸侯共同伐秦，秦朝灭亡后，西楚霸王项羽封司马卬为殷王，“都河内”，从此司马氏

西晋·骑马陶俑（两件）

族人便聚居在了河内。司马印的第八代后人司马钧曾为汉朝征西将军。司马钧的后人多为汉代重臣。司马钧之子司马量，字公度，任豫章太守；量子司马儁，字元异，任颍川太守；儁子司马防，字建公，历任京兆尹、尚书右丞。司马防有八子，皆有才识，时称“八达”，他们是长子司马朗字伯达、次子司马懿字仲达、三子司马孚字叔达、四子司马旭字季达、五子司马恂字显达、六子司马进字惠达、七子司马通字雅达、八子司马敏字幼达。

司马懿自幼“聪明多大略，博学洽闻，伏膺儒教”。青年时期的司马懿曾为河内郡上计掾，因他勤于职守而名声远扬。东汉末年，黄巾党人起义，自此天下大乱，司马懿“常慨然有忧天下心”。当时的南阳太守杨俊听说了司马懿的言行后，觉得司马懿“为非常之器”，尚书崔琰也常对司马懿的兄长司马朗说“你的弟弟聪明且明辨是非，处事平正，果断独特，这些都不是你所能企及的啊”。司马懿娶妻张春华。张春华是温县北平皋人，出身世家名门，她为司马懿生有三子一女，长子司马师、次子司马昭、三子司马伷和南阳公主。

最初，曹操为司空时，听说司马懿博学多才，欲擢用，便派人去请司马懿。司马懿看不起出身“赘阉遗丑”的曹操，就以风痹之病为借口推脱不仕。建安十三年，即公元208年，曹操“挟天子以令诸侯”，被献帝拜为丞相。曹操再次派人去请司马懿。这一次，来人态度强硬，说：“如果司马懿不能去，就将他抓去。”司马懿无奈，只得到丞相府做了文学掾。

司马懿自知已经得罪了曹操，因此在曹操手下办事，小心谨慎，勤勤恳恳。先后迁为黄门侍郎、转议郎、丞相东曹属及主簿。另外司马懿的三弟司马孚也被曹操征辟，先任陈思王曹植的文学掾，后迁为太子中庶子。司马懿本来一直都被曹操所猜忌。他人生的转折点是在建安二十四年。这一年东吴孙权向曹操上表称臣，并怂恿曹操自立为帝。当时，曹操手下的门阀官僚，如荀彧、崔琰等著名人物都持拥汉的态度，对曹氏代汉颇有异议，也因此而不得善终。司马懿看出了曹操的野心，他对曹操说：“汉运垂终，殿下十分天下而有其九，以服事之。权之称臣，天人之意也。虞、夏、殷、周不以谦让者，畏天知命也。”这一番话是很合曹操心思的，从此司马懿成为曹操的亲信重臣。在曹操称魏王以后，就用司马懿为太子中庶子，以佐助曹丕。

司马懿和曹丕的关系非常好，“每与大谋，辄有奇策，为太子所信重，与陈群、吴质、朱铄号为四友”。后来司马懿为曹丕“篡汉”更是出了大力，所以他才一直为曹丕所“信重”。曹丕代汉称帝后，司马懿的地位渐渐重要起来，由尚书、督军、御史中丞起，官至抚军将军，加给事中录尚书事。黄初五年，曹丕以尚书令陈群为镇军大将军，尚书仆射司马懿为抚军大将军。当时，军权主要仍在曹氏手中。论地位，曹真、曹休、陈群也略在司马懿之上。公元228年曹休死。公元231年，曹真死。公元236年，陈群死。这以后，司马懿的地位逐渐突出，对蜀战事，多由他来主持。

在曹丕一生中曾两次伐吴，每次都以司马懿居守许昌，到曹丕临终时，更令司马懿与曹真、陈群、曹休四人为辅政大臣，共同辅佐魏明帝曹睿。在魏明帝时期，司马懿成为魏国政治舞台上最为重要的人物之一。他不只是曹睿的谋臣，同时还掌握着军权，成为了可以独当一面的军事首领。

司马懿是一个极具军事才能的人，他第一次展示这一才能是在建安二十四年，也就是公元219年。那时蜀将关羽围攻樊城，水淹七军，虏于禁，斩庞德，威镇华夏。而汉献帝都许昌，离樊城很近，曹操为避关羽的兵锋，曾打算迁都河北。时为曹操军司马的司马懿向曹操建议说："禁等为水所没，非战守之所失，于国家大计未有所损，而便迁都，既示敌以弱，又淮沔之人大不安矣。孙权、刘备外亲内疏，羽之得意，权所不愿也。可喻权所，令掎其后，则樊围自解。"曹操听后，采纳了司马懿的建议，暗地与孙权联系，达成了联合攻蜀军的密谋。结果关羽丢失了荆州，自己最后也身首异处。

魏明帝时，司马懿的军事才能得到了充分展现。他长期参与领导对吴作战，有一天，魏明帝向司马懿询问对吴作战的方略，司马懿回答说："吴以中国不习水战，故敢散居东关。凡攻敌，必扼其喉而捣其心。夏口、东关，贼之心喉。若为陆军以向皖城，引权东下，为水战军向夏口，乘其虚而击之，此神兵从天而堕，破之必矣。"在公元231年和公元234年，司马懿曾两度领兵于祁山和五丈原抗击蜀丞相诸葛亮的北伐。虽然魏军在当时有二十万左右，而蜀军为十万，在数量上占优势，但诸葛亮善于治军，蜀军又经过长期北伐准备，训练有素，故在战斗力上胜魏一筹。当时魏明帝向司马懿下令："坚壁拒守，以挫其锋，彼进不得志，退无与战，久停则粮尽，掳掠无所获，则必走矣。走而追之，以逸待劳，全胜之道也。"司马懿则对此进行了有效地执行。尽管被他的将领讽刺为"畏蜀如虎"，司马懿仍轻易不与诸葛亮交锋。在司马懿这种坚壁不战的策略下，诸葛亮竟一筹莫展，不能越雷池一步，结果他的北伐最后都以失败告终。

曹丕死后，原蜀汉降将孟达在诸葛亮的策动下，欲叛魏归蜀。司马懿时领兵驻宛，听到这一消息后，他一面写信给孟达假意安抚，一面立即潜军进讨，八天行军一千二百里，赶到上庸城。当时"孟达众少而食支一年"，魏军"四倍于达而粮不淹月"。在这种情况下，司马懿果断地采取速决战，他一面派兵分拒蜀、吴对孟达的援军，一面亲率主力分八道猛攻上庸城，仅用十六天的时间，司马懿就破上庸，斩孟达，结束了战争。

自东汉末年军阀混战开始，公孙度就割据辽东。公孙度对曹魏政权虚与委蛇，时叛时降，保持着半独立的地位。公孙度死后，公孙渊继为辽东太守，对魏则更加不逊。景初元年，魏明帝派毋丘俭率兵伐辽东，结果大败。公孙渊于是自立为燕王，并引诱鲜卑对魏进行侵扰。于是，魏明帝改派司马懿领兵四万继续伐辽东。临行前，司马懿对魏明帝说："惟明者能深度彼己，豫有所弃，此非其所及也。今悬军远征，将谓不能持久，必先距辽水而后守，此中下计也。……往百日，还百日，攻百日，以六十日为休息，一年足矣。"

司马懿率军进入辽东后，公孙渊派步骑数万在辽水东岸的辽隧坚壁拒魏。司马懿则在强渡辽水后，直取公孙渊的老巢襄平，辽东军大惊，只好离开壁垒往堵魏军，司马懿于是纵兵迎击，三战皆捷，辽东军退保襄平，魏军于是开始围城。时逢连日暴雨，平地水深数尺，魏军无法合围，辽东军利用水势仍可樵采、放牧。有人向司马懿建议，断辽东军樵牧，司马懿说："自发京师，不忧贼攻，但恐贼走。今贼粮垂尽，而围落未合，掠其牛马，抄其樵采，此故驱之走也。夫兵者诡道，善因事变。贼凭众恃雨，故虽饥困，未肯束手，当示无能以安之。取小利以惊之，非计也。"结果，辽东军错过了突围的大好时机。不久雨停水退，魏军将襄平完全包围，并"起土山地道，楯橹钩橦，发矢石雨下"，昼夜发动猛攻。公孙渊这时才开始突围逃跑，结果被魏军击斩，辽东悉平。

司马懿在防吴、拒蜀的过程中，他由抚军大将军升大将军，最后迁为太尉。当他平定了辽东，正准备回朝的时候，洛阳送来了紧急诏书，要他迅速赶回。司马懿回到洛阳时，魏明帝已经病重。在明帝死前，魏宫廷中出现了一次小的纠纷。明帝原拟以燕王曹宇为大将军，与夏侯献、曹爽、曹肇等共同辅助齐王芳。中书令刘放、中书监孙资，居中掌权日久，曹献、曹肇心内不平。刘放、孙资害怕燕王曹宇等掌权后对自己不利，就向明帝诉说燕王不堪大任，并向明帝推荐曹爽和司马懿。不久，燕王宇被免职，曹爽则被任命为大将军，与司马懿共同辅佐齐王芳。结果在魏明帝临终时，把司马懿和皇族大臣曹爽叫到床边，嘱咐他们共同辅助太子曹芳，也就是后来的魏少帝。

曹芳继位时，曹爽为大将军，司马懿为太尉。不久，曹爽一是为防止曹氏大权落入司马懿手中，二是为独掌朝纲，开始排挤司马懿。司马懿的军权很快被夺去，由太尉转为没有实权的太傅，而曹爽则引用心腹何晏、邓飏、丁谧、毕轨、李胜、桓范等人，开始专断朝政。但曹爽是一个缺少雄才大略的人，论能力、心机都不及司马懿。面对于己不利的形势，司马懿韬光养晦，伪装生病，表面上不问政事，实际上却在暗中布置，等待消灭曹爽势力的时机。

曹爽听说司马懿生病了，也多少有些怀疑，就派自己的亲信官员李胜去打探。李胜当时被派去荆州做刺史，就以向司马懿告别为借口去试探。李胜到了司马懿的卧室，只见司马懿躺在床上，两个使唤丫头正伺候他吃粥。司马懿似乎没法用手接碗，只能把嘴凑到碗边去喝，就是这样，没喝上几口，粥又沿着嘴角流了下来。李胜在仔细地观察司马懿，觉得司马懿真是病入膏肓，实在可怜。

李胜不忍多看，他对司马懿说："这次蒙皇上恩典，派我担任荆州刺史，故特地来向太傅告辞。"

司马懿听了，喘着气说："委屈您啦，并州在北方，接近胡人，您要好好防备啊。我病得这样，只怕以后见不到您啦！"

李胜听了，纠正说："太傅听错了，我是去荆州，不是并州。"

司马懿似乎还是听不清，疑惑地看着李胜。李胜于是又大声说了一遍，司马懿这次总算搞清楚了，苦笑着说："老了，耳朵聋，听不清了。您做荆州刺史，这太好啦。"

李胜实在看不下去了，他向司马懿告辞，回到曹爽身边，把情况一五一十地说了一遍，然后叹了口气说："现在太傅只差一口气了，您也就不用再担心了。"曹爽听了，也十分高兴。可他们谁都没想到，司马懿是装病的行家，当年他就是用这招儿蒙骗曹操，不去做官，如今也不过是故伎重施罢了。

公元 249 年新年，魏少帝曹芳到城外去祭扫祖先的陵墓，曹爽和他的兄弟、亲信大臣全都跟去了。因为司马懿“病重”，也就没有请他同去。可曹爽陪曹芳刚离开洛阳，太傅司马懿的病就全好了。他马上披戴起盔甲，带着两个儿子司马师和司马昭，率领兵马占领了城门与兵库，发动了政变，控制了京都。并假传皇太后的诏令，把曹爽的大将军职务撤了。在城外的曹爽兄弟等人得知消息后，曾有人给他献计，要曹爽挟持少帝退到许都，然后召集人马，对抗司马懿。可曹爽兄弟都是缺少胆量、养尊处优惯了的人。他们听司马懿派来的人说：“只要交出兵权，绝不为难。”就愚蠢地投降了。不久，司马懿稳定了局势，便又以谋反的罪名，杀死了曹爽及其党羽。从此曹魏的军政大权完全掌握在了司马懿的手中，司马氏取代曹魏只是一个时间问题了。

公元 251 年，司马懿病死，终年七十二岁。九月，按其生前所嘱，土葬于首阳山，不起坟头，不立碑，不随葬祭品，死后遗孀不得与其合葬。逝后赐谥号“文宣”。晋立，追为宣帝。

二、路人皆知的司马昭之心

曹爽死后，曹魏的统治在形式上又维持了十六七年。这是因为，曹氏已统治了几十年，朝里朝外忠于曹魏的势力还相当强大。在司马懿与曹爽的斗争中，司马懿也是尽量抓曹爽的缺点，把自己打扮成一个受明帝托孤的元老忠臣。所以，在当时有些忠于曹氏的人也是多站在司马氏一边的。在他们眼中，看到的是曹爽的缺点和司马懿的忠贞。而司马氏要想取代曹魏政权，还必须在整个统治阶级人心中培养出自己的威望，并对那些曹魏的忠臣进行一次次地清扫。

司马懿死后，他的长子司马师接替了他的职位，为抚军大将军、录尚书事，代司马懿主政，不久，进位为大将军。嘉平六年，司马师杀中书令李丰、太常夏侯玄、光禄大夫张缉。李丰在中书两年，魏少帝常常召见他。司马师问李丰皇帝同他说了些什么，李丰不以实告。于是司马师怒，以刀镮打杀李丰。杀夏侯玄则是因为他与曹爽是姑表兄弟，张缉则是魏少帝皇后的父亲。三人都与曹魏的关系密切。同年，司马师逼皇太后废了魏少帝，另立高贵乡公曹髦为帝。曹髦是曹丕的孙子，东海王霖的儿子，当时只有十四岁，改元正元。正元二年，镇东将军毋丘俭、扬州刺史文钦于寿春起兵，共同讨司马师。不久，两人战败，毋丘俭被杀，夷三族；文钦则南奔，降吴。平毋丘俭后不久，司马师病死在许都。

司马师死后，司马昭代为大将军，录尚书事。甘露二年，征东大将军诸葛诞反。司马昭挟持皇帝曹髦东征，围寿春，寿春破，诸葛诞被杀。自此，忠于曹魏的内外势力大体被司马氏剪除干净。不仅满朝大臣大都是拥护司马氏的人，连宫内近臣和宫中卫士也多半成了司马氏的心腹，曹魏大势将去。

曹髦做了六年的傀儡皇帝，终于忍不下去了，甘露五年四月，曹髦决定与司马昭做最后一拼。他对近臣侍中王沈、尚书王经、散骑常侍王业说："司马昭之心，路人皆知也。吾不能坐受废辱，今日当与卿等自出讨之。"尚书王经听后，赶忙劝道："今权在其门，为日久矣，朝廷四方皆为之致死，不顾逆顺之理，非一日也。且宿卫空阙、兵甲寡弱，陛下何所资用？而一旦如此，无乃欲除疾而更深之邪！祸殆不测，宜见重详。"曹髦也是年轻气盛，从怀里取出讨伐诏书扔在地上说："行之决矣。正使死，何所惧！况不必死耶。"随

西晋·甘露元年青瓷熊灯

后曹髦入宫将自己的决定禀告皇太后，可王沈与王业也是司马昭的人，他们赶忙跑去告诉司马昭，要他早做准备。曹髦禀告皇太后后，拔剑登车，率领殿中宿卫，宫中奴隶数百人，鼓噪而出。曹髦先遇着了司马昭的弟弟屯骑校尉司马伷。司马伷的兵士见是皇帝，不敢犯驾，一哄而散。很快，曹髦又遇到贾充，贾充是司马氏的死党，他的部众看见是皇帝，也想跑。这时候，有个叫成济的人问贾充："事急矣，当云何？"贾充听后说，"司马公畜养汝等，正为今日。今日之事，无所问也"。成济听贾充这么说，赶上去一枪，就把曹髦刺死在了车上。

消息很快传到司马昭那里。司马昭听说成济杀了皇帝，连忙赶到朝堂上，召集大臣们商量。司马昭问老臣陈泰："您说，现在叫我怎么办好呢？"

陈泰回答说："唯有斩了贾充的头，才能多少向天下交代啊。"

司马昭当然不会同意杀贾充，就又问陈泰："还有没有其他办法啊？"陈泰正色说："只有比这更重的办法，没有再轻的了。"司马昭一听，就不吱声了。

起初，司马昭想不了了之，他用太后的名义下了一道诏书，给曹髦加上许多罪状，将其废作平民，企图把曹髦被杀的事轻轻掩盖过去。可群臣依旧议论纷纷，责问司马昭为什么不惩办凶手。司马昭没法，就把罪责全推给了成济，将成济定了一个大逆不道的罪，满门抄斩了。

司马昭立了曹操的孙子、燕王宇的儿子、十五岁的曹奂为帝，就是魏元帝，改元景元。从此，司马氏改朝换代所缺少的，就剩下对外立威了，于是灭蜀与灭吴也就自动提到日程之上。

蜀汉后期，庸主刘禅听信宦官黄皓，政治昏聩。大将军姜维也因害怕黄皓陷害而不敢驻在京城成都。公元 261 年，吴派使臣薛珝访蜀，回国后薛珝对吴主孙休回报蜀国情况是："主暗而不知其过，臣下容身以求免罪，入其朝不闻正言，经其野民有菜色。"

公元 263 年，司马昭派将军邓艾、诸葛绪各统兵三万，钟会率主力十余万，分兵三路攻蜀。蜀汉大将军姜维集中蜀汉主力于剑阁，守住关口要道，进行阻击，双方于剑阁僵持不下。邓艾见蜀军主力死守剑阁，于是领精兵绕道到剑阁西面的一条羊肠小道，向南进军。这里本是人迹不到的地方，邓艾率兵逢山开路，遇河架桥，深入七百里，仍没被蜀军发现。最后，他们挺进到一条绝路上，那里山高谷深，已经没有路了。此时，邓艾军所带粮草也已快吃完了。在这种情况下，邓艾孤注一掷，身裹毡毯，从悬崖峭壁直滚而下。将士们见主帅已经拼了命，就也跟着滚了下去。终于越过了这条绝路，并继续挺进，拿下

瓷女俑、瓷男俑

了蜀汉的江油。由于蜀汉后方兵力空虚，这以后邓艾长驱直入，势如破竹，直攻成都。

邓艾军先攻下培、到雒，离成都已只有八十里。无能的蜀汉后主采用了光禄大夫谯周的主张，向邓艾投了降。后主的儿子北地王刘谌，见大势已去，无力挽回，便带着妻儿在祖庙里大哭一场后，先杀死妻儿，然后自杀了。后主投降后，命姜维向钟会投降，蜀汉将士无不悲愤，都气得拔刀乱砍石头。史书记载，蜀亡时有二十八万户，男女九十四万口，将士十万二千人，吏四万人。

邓艾灭蜀汉以后，后主刘禅仍留在成都。不久钟会与蜀汉降将姜维发动兵变，失败后两人都被乱兵砍死。司马昭为防止蜀汉死灰复燃，就派心腹贾充把刘禅接到了洛阳。经钟会兵变后，蜀汉的大臣多是死的死，走的走，随同后主刘禅一起到洛阳去的只有地位比较低的官员郤正和刘通两人。刘禅不懂得如何为人处是，一举一动全靠郤正指点。到了洛阳，司马昭以魏元帝的名义，封刘禅为安乐公，并将他的子孙和原蜀汉的五十多名大臣一起封了侯，以笼络人心，稳住对蜀汉地区的统治。

有一天，司马昭大摆酒宴，请刘禅和原来蜀汉的大臣参加。宴会中间，还特地叫了一班歌女演出蜀地的歌舞。蜀汉的大臣看到这些歌舞，联想到亡国的痛苦，便多伤心地流下眼泪。只有刘禅看了，开怀大笑，就像在自己的宫里一样。

司马昭看到后对贾充说：“刘禅没有心肝到了这步田地，恐怕就是诸葛亮能活到现在，也无法使蜀汉维持下去，何况是姜维呢！”

几天后，司马昭又一次接见刘禅，他问刘禅：“您还想念蜀地吗？”

刘禅乐呵呵地回答说："这儿很好啊，我已经不想念蜀地了。"司马昭看到刘禅是这样的一个糊涂人，知道他对自己没有任何威胁，也就没有杀他。蜀汉已经灭亡，司马氏对外立威的效果已经达到。而曹髦死后，魏元帝完全听命于司马昭，司马氏改朝换代的时刻即将到来。

三、司马炎称帝建西晋

早在公元263年，司马昭兵发三路进攻蜀，捷报频传的时刻，司马昭就已经加紧了废魏自立的准备工作。这一年的十月，他担任相国职务并晋位为晋公，并接受“九锡”。次年，也就是公元264年的七月，司马昭胁迫魏帝晋升自己为晋王，与此同时命令党羽贾充、裴秀等分别主持制定礼仪、法律和官制，并在封国之内开始设置百官，王室子孙爵命皆如帝者之仪，一个新的王朝已

唐·阎立本《历代帝王像卷·司马炎图》

经有了雏形，司马氏代魏的条件已经完全成熟。

但司马昭并没能成为皇帝，他于咸熙二年，即公元 265 年的八月突然病死。司马昭去世后，改朝换代的工作自然就落到了司马昭长子司马炎身上。司马炎，字安世，尽管司马炎在司马昭的诸子中处于嫡长子的地位，但他的世子权力却并不是轻易得来的。司马昭在诸子中更为喜爱学识渊博、才华横溢的次子司马攸。司马昭最初是打算把王位传给司马攸的。他将司马攸过继给司马师为子，表示天下是司马师打下来的，将来的王位当归司马攸。所以司马炎开始所处的地位并不乐观。司马炎为了能取得继承权，极力拉拢、巴结司马昭身边的要臣，通

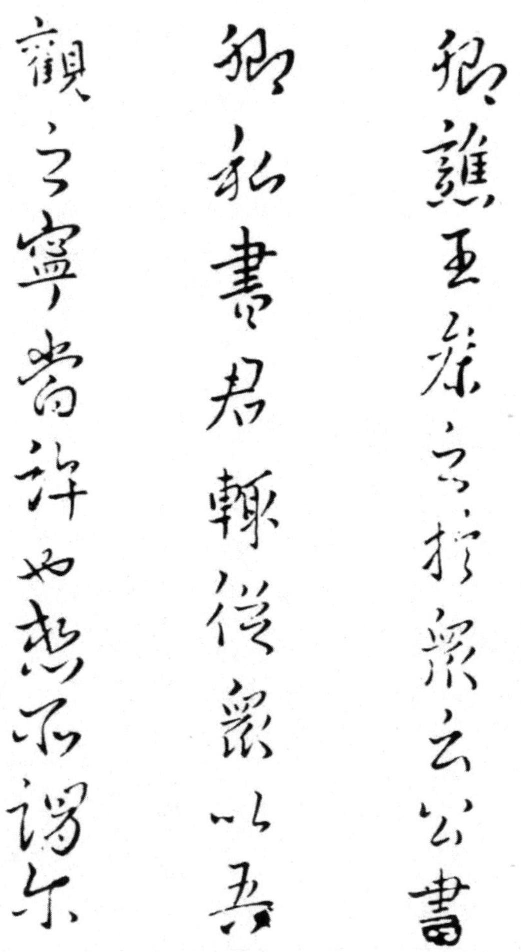

西晋·司马炎·谯王帖

过他们为自己说好话、作手段。也许当时的司马昭也有了私心，终于在他死前三个月正式确立司马炎为世子。在此之前，司马炎曾在曹魏政府中担任过给事中、奉车都尉、中垒将军加散骑常侍、中护军、假节、中抚军等职务，初封爵为北平亭侯，后改封为新乡侯。在取得世子名位的同时，魏帝又授予他抚军大将军、开府、副贰相国等职。在司马昭去世后，他继为相国和晋王，总揽全国军政大权。

几个月后，司马炎示意家臣逼魏元帝退位，由他称帝，国号为晋，改元泰始，西晋王朝建立。退位的魏帝被司马炎封为陈留王，从洛阳徙至邺城，时年司马炎三十岁。魏王朝从曹丕称帝，到魏元帝退位，历时四十五年，只传了四代，便这样完结了。

点　评

野心不是生来就有的。司马懿想没想过要窃夺曹魏的政权呢？至少在曹操在世的时候，他是不会去想的。他的这种想法可能是在魏明帝死后才有的吧。当时的曹芳只有八岁，曹爽又在极力排挤司马懿。论才能，论资历，司马懿都在曹爽之上，这一时期曹魏中也再也没有比他更有实力的老臣了，他能甘心丧失自己手中的权力吗？

而司马懿能够得势除了一些他自身所具有的条件外，也不排除一些偶然的因素。司马懿是一个很有才华的人，身为“司马八达”之一，这一点是毫无疑问的。他又是一个十分工于心计的人，一生中两次装病；自知已经得罪了曹操，在曹操手下时就开始勤于工作，避免引火上身。他也是一个很能忍的人，诸葛亮给他女人穿的衣服时，他忍了；曹爽排挤他的时候，他又忍了。能忍耐，所以他能成大事。但只有这些还不够，司马懿无疑还是一个幸运的人。在曹操活着的时候，他的官职最高不过是军司马。但他幸运地赢得了曹丕的赏识，更幸运的是在魏明帝死后，与他一同辅政的是曹家的公子哥曹爽，魏明帝死前的那场小小的政治角逐帮了他的大忙。

历史就是这样，有很多的必然，也有很多的偶然，当一个人具备了一定的实力时，历史的天平稍微向他偏移一点，就可能出现天翻地覆的变化。

相关链接

邓艾冤屈与钟会叛乱

邓艾在灭蜀汉以后，头脑有些不冷静了，他擅自拜刘禅为骠骑将军，蜀太子、诸王为驸马都尉；委任原蜀汉各级官吏为朝廷命官，或者命为自己的下属；还任命师纂领益州刺史，牵弘领蜀中郎将，等等。邓艾还派人去绵竹，收埋魏、蜀死亡的将士，在上面垒起高台，称为“京观”，用以宣扬自己的武功。邓艾还时常在蜀士大夫面前自吹自擂，说：“诸君幸而遇我邓某，因此才有今天呢！要是碰上吴汉之流，恐怕早就没命了。”他还说：“姜维确实是当代的一位好汉，可惜遇到了我邓某，才走投无路啊。”可邓艾万万没有预料到，他的这些举动，最终送了自己的性命。

邓艾军逼近成都时，姜维正匆匆逃离剑阁，向巴郡方向撤退，钟会则刚进军涪县。不久，归降邓艾的刘禅敕令姜维向钟会缴械投降。姜维无奈，只好放下武器，送交节传，到涪县投降钟会。钟会大喜，迫不及待地上表向司马昭表功。钟会用尽花言巧语，表彰自己，排斥邓艾。钟会的话博得了司马昭的欢心，遂进位为司徒，封县侯，增邑万户，其子二人也都封为亭侯，邑各千户。也就是从这时起，灭蜀最大的功臣邓艾，反而遭到司马昭的猜疑。

当时，邓艾也写信给司马昭。在信中，邓艾不骄矜，不伐功，一心一意筹划灭吴之策，他的种种建议实具远见卓识。邓艾的信中说：“兵有先声而后实者，今因平蜀之势以乘吴，吴人震恐，席卷之时也。然大举之后，将士疲劳，不可使用，且徐缓之；留陇右兵两万人，蜀兵两万人，煮盐兴冶，为军农要用，并作舟船，豫顺流之事，然后发使告以利害，吴必归化，可不征而定也。今宜厚刘禅以致孙休，安士民以来远人，若便送禅于京都，吴以为流徙，则于向化之心不劝。宜权停留，须来年秋冬，比尔吴尔足平。以为可封禅为扶风王，赐其资财，供其左右。郡有董卓坞，为之宫舍。爵其子为公侯，食郡内县，以显归命之宠。开广陵、城阳以待吴人，则畏威怀德，望风而从矣。”

邓艾的建议虽然正确，但他擅自承制拜官，已让司马昭很不高兴，信中又提出要留兵蜀中，怎么能不让司马昭起疑呢？结果司马昭对邓艾的不是嘉奖，而是让监军卫瓘告诫邓艾说："有事应当报请，不应独断专行。"邓艾不以为然，反而上书申辩。这就进一步让司马昭感到不舒服了。

而钟会这时已经有了割据的想法。他自从接受姜维投降以后，对待蜀降将很宽厚，对待姜维更是亲切友好，他把姜维等将领缴交的印信符节都发还给他们。姜维觉察到了钟会怀有野心，就试探着说："君侯自淮南平叛以来，运筹帷幄，从未失策，司马氏的强盛，都是君侯之力。今日君侯又平定蜀国，威德震动天下。民众颂扬您的功绩，但主帅却感到恐惧。这样，君侯还能够安全回去吗？不如效法陶朱公泛舟江湖，隐姓埋名，尚可以保全功名性命。"钟会听了回答说："你扯得太远了，我做不到，况且也不止这一条路吧！"姜维自然明白这"不止这一条路"的意思，于是说："其他办法君侯自然可以考虑到，不必老夫多言了。"钟会的野心通过这段对话表现无遗。自此，二人各自打着主意，相互利用；出则同车、坐则共席，关系越来越密切了。

钟会欲谋反，最大的障碍就是邓艾。为了除掉邓艾，钟会借邓艾擅自承制为口实，反诬邓艾谋反，并秘密向司马昭告发，还派人截获邓艾送往朝廷的章表文书，模仿邓艾笔体，写一些不恭不敬，矜功自伐的词句以激怒司马昭。咸熙元年一月，司马昭诏命押送邓艾回京，为防邓艾举兵反抗，又命钟会率大军进入成都。钟会明知监军卫瓘兵少，企图借邓艾之刀杀掉他，然后再杀邓艾，就派他先进城收捕邓艾。卫瓘虽知钟会的用心，但军令如山，便乘夜进入成都，传令邓艾手下将领，说："我奉诏收捕邓艾，其余一概不问，你们如归顺，爵赏不变；敢不归顺，则诛及三族！"到了鸡鸣时，邓艾的部将已先后归顺了卫瓘。随后卫瓘乘坐使者专车，来到邓艾的住处，将正睡觉的邓艾父子抓获，关入囚车。邓艾的部将不服，计议劫夺囚车，他们全副披挂涌到卫瓘营帐前，卫瓘则镇静地对他们说自己要上表为邓艾伸张正义，将领信以为真，邓艾就这样被抓捕了。

邓艾被除去后，钟会麾下有魏、蜀军队二十余万，野心膨胀的他再也不能受制他人了。钟会于是计划派姜维督率蜀兵担任前锋，自己统大军继发长安，然后骑兵从陆路、步兵从水路，水陆并进，五日可达孟津，再会兵洛阳，这样，天下就是自己的了。正当他想入非非的时候，司马昭派人送来书信，司马昭说："恐怕邓艾不肯奉顺，今派遣中护军贾充率步骑万人直入斜谷，屯驻乐城。我本人率领十万大军在长安，我们很快就能见面了。"钟会大吃一惊，对亲信说："如果只为取邓艾，司马昭知道我自己就能办到。现在带来重兵，必定是觉察到我有异常了，我们只有快点动手。事成可以得天下，不成退保蜀、汉，也不失当刘备！"

第二天，钟会召集护军、郡守、牙门骑督以上和原蜀国的官吏，汇集蜀国朝堂。他宣布为皇太后举哀，向大家出示伪造的太后令他起兵废司马昭的遗诏。但他又做贼心虚，随后把他们都关了起来，又关闭成都城门和蜀宫门，严兵把守。诸军将领也都换成他的亲信。监军卫瓘这时诈称病重，卧床不起，钟会就更无所忌惮了。

钟会有一个帐下督名丘建，本是胡烈部属，胡烈推荐给司马昭。钟会出兵，请求让丘建相随，甚加信用。丘建怜悯胡烈独自一人被关押在房里，求钟会允许有一个亲兵去端水端饭。因此，其他牙门也都援例各带一个亲兵。胡烈哄亲兵说："丘建密传消息：钟会已挖好大坑，削好数千枚白棒。准备叫外面的士兵进来，打死我们，埋入坑中。"胡烈还把同样内容写在一张条子上传给在军营中的儿子胡渊。一夜之间，这个消息在各军中都传遍了，大家人心惶惶，害怕一打起仗就回不了家了。

几天以后的一个中午，军营中突然鼓声大作，胡烈营中的士兵首先哗变，跟着胡渊带头冲出，随后各军也鼓噪而出。虽然无人督促，但大队人马如波涛激荡，争先恐后地涌向成都城门。这时钟会正在给姜维部发放铠甲器杖，卫兵进来报告说，外边声音嘈杂，好像是失火了。一会儿，卫兵紧急报告，有很多士兵正向城门跑过来。钟会大惊，感到事情不好，对姜维说："这些兵来者不善，怎么办?"姜维说："只有打了。"钟会一面派兵去杀掉关押的牙门、郡守，一面让大家用木头顶住城门。愤怒的士兵奋力砍门，一时不能破门。但没多久，有的士兵架梯登城，有的士兵放火烧城；人群如蚂蚁成群，飞箭似雨点密集，大群的士兵冲进城来，而被关的牙门、郡守也纷纷跑了出来，双方会合，将姜维、钟会团团围住。姜、钟困兽犹斗，杀死五六人，但寡不敌众，被蜂拥而上的士兵乱刀杀死了。钟会的将士死者有数百人，城内乱成一团，直到装病的卫瓘出来主事，才逐渐安定下来。

钟会一死，邓艾的将士就追上囚车，救出了邓艾，想要迎邓艾回成都。但正是这一行动不仅未能洗刷邓艾的冤枉，而且断送了他的性命。此时在成都主事的卫瓘因参与了构陷邓艾一事，他唯恐邓艾报复，就派护军田续领兵在绵竹西的三造亭偷袭，斩杀了邓艾及其子邓忠。邓艾死后，其在洛阳的家属都受到株连，其子悉数被杀，妻及孙子流徙西域。这桩沉冤直到西晋泰始九年才得以申雪。

万里江山成一统，名将能臣建伟业。

第二章
西晋一统中华

一、西晋名将羊祜

蜀汉灭亡以后，新建的西晋王朝肩负着一统天下的历史使命。在后面的灭东吴的战役中，一代名将羊祜是必须要提及的人。羊祜，字叔子，今山东费县西南人，出身于汉魏名门士族之家，是西晋时期著名的军事家。

从羊祜起上溯九世，羊氏各代皆有人出仕二千石以上的官职。羊祜的祖父羊续，为汉末南阳太守，父亲羊衜为曹魏时期的上党太守，母亲是汉代名儒、左中郎将蔡邕的女儿。另外羊祜的姐姐嫁与了司马懿之子司马师为妻，而羊祜本人的妻子则是曹魏皇室成员夏侯霸的女儿。因此，羊祜在魏晋两朝都有着特殊的身份和地位。正因为羊祜的特殊处境，青年时期的羊祜虽然因博学多才、善于写文、长于论辩而盛名于世，却多次回绝州郡政府的征辟，有意回避了曹氏集团与司马氏集团之间为争夺最高权力而进行的斗争。

但由于门第关系，尽管羊祜基本上游离于两大集团争斗之外，可从思想感情上说，他对司马氏集团显得更为亲近一些。正始十年，司马懿发动高平陵之变，夺得曹魏的军政大权。政变后，司马懿大举剪除曹氏势力，与曹爽有关的很多人都遭到株连。当时，尽管羊祜的岳父夏侯霸为逃避杀戮，投降了蜀国，而羊祜却并未因岳父而受到牵连，这大概和他较为亲近司马氏的政治态度有一定关系。

羊祜第一次接受征辟是在司马昭执政时期。不久羊祜就加入司马氏集团，并逐渐上升为该集团中的重要人物。曹髦统治时期，他先后出任中书侍郎、给事中、黄门郎等职。到魏元帝时期，羊祜调任为秘书监。到司马炎建五等爵制的时候，羊祜以功被封为巨平子爵，食邑六百户，不久，又被拜为相国从事中郎，与司马炎的另一心腹荀勖共掌机密。司马炎代魏前夕，羊祜被调为中领军，统领御林军，掌管京城内外戍卫。司马炎受禅后，以羊祜佐命之功，羊祜进号为中军将军，加散骑常侍，晋爵为郡公，食邑三千户。羊祜担心引起贾充等权臣的妒忌，于是固让封公，只授侯爵。泰始初年，司马炎曾改任羊祜为尚书右仆射、卫将军等职。

西晋·对书俑

西晋建立以后，晋武帝司马炎积极筹划消灭孙吴政权的战争，以实现统一大业。泰始五年，司马炎除任命大将军卫瓘、司马伷分镇临淄、下邳，加强对孙吴的军事布置以外，又特地调任羊祜为荆州诸军都督，镇守襄阳，进行战前准备。当时，西晋与孙吴于荆州形成南北对峙的局面，西晋所辖荆州包括今天的陕西、河南的一小部分和湖北北部地区，而孙吴所辖的荆州则有今天的湖北和湖南的大部分地区。这里是晋吴间边界线最长的地区，也自然成为西晋灭吴战争的关键地区。

羊祜到任时，荆州的形势并不稳固。荆州地区老百姓的生活很不安定，戍兵的军粮也不充足，所以羊祜首先把精力放在了对荆州的开发方面。羊祜禁止辖下的镇将以建造府第的名义扰民，开始大量开办学校，允许晋吴两国间的边民自由往来，尽最大努力改善老百姓的生活。不久，羊祜设法使孙吴撤掉了对襄阳地区威胁最大的石城驻军，这样便抽出一部分军队进行生产活动。他把军队分作两半，一半执行巡逻戍守的军事任务，一半垦田，只当年羊祜所统率的军队就垦田八百余顷，年底收获的时候，打下的粮食足够十年的军需。经过羊祜的这些措施，荆州的社会秩序迅速地安定了，军队的战斗力也得到了增强。羊祜的成就得到了晋武帝的肯定，为表彰他的功绩，下令取消江北所有的都督建置，授予羊祜南中郎将的职务，指挥汉东江夏地区的全部军队。不久，羊祜又被加封为车骑将军，并受到开府如三司之仪的特殊待遇。

泰始六年，即公元 270 年，江东著名的军事家陆抗到达荆州，担任孙吴在荆州的都督。陆抗注意到西晋的动向，他上书给吴主孙皓，把自己的想法归纳为十七条建议，提醒孙皓。陆抗的到来，使得羊祜感到不安。他一面加紧在荆州进行军事布置，一面向晋武帝密呈奏表。密表建议，伐吴战争必须利用长江上游的便利条件，在益州大办水军，并向晋武帝推荐了益州刺史王濬浚。羊祜认为，王濬是治理水军的最佳人选，后来的史实也证明了羊祜做法的正确性。

泰始八年，发生了一件事情，使羊祜认识到孙吴的国势虽已衰退，但仍有一定的实力，而且只要有陆抗这样的优秀将领主持军事，平吴战争不宜操之过急。事情是这样的，公元 272 年八月，吴主孙皓解除西陵督步阐的职务。步阐害怕被杀，于当年九月，献城降晋。陆抗闻讯，立即派兵围攻西陵。晋武帝命令羊祜和巴西监军徐胤各率军分别攻打江陵和建平，从东西两面分散陆抗的兵力，以实现由荆州刺史杨肇直接去西陵救援步阐的计划。但陆抗破坏了江陵以北的道路，晋军粮秣的运输发生困难，再加上江陵城防坚固，不易攻打，羊祜屯兵于城下，不能前进。杨肇兵少粮悬，被陆抗击败，步阐城陷族诛。战争结束后，羊祜受到处罚，被贬官为平南将军。

于是羊祜改变了对孙吴的军事策略，他一面采取军事蚕食，另一面则提倡信义，以积蓄实力，瓦解孙吴，寻找灭吴的合适时机。羊祜先派兵占据了荆州以东的战略要地，先后建立五座

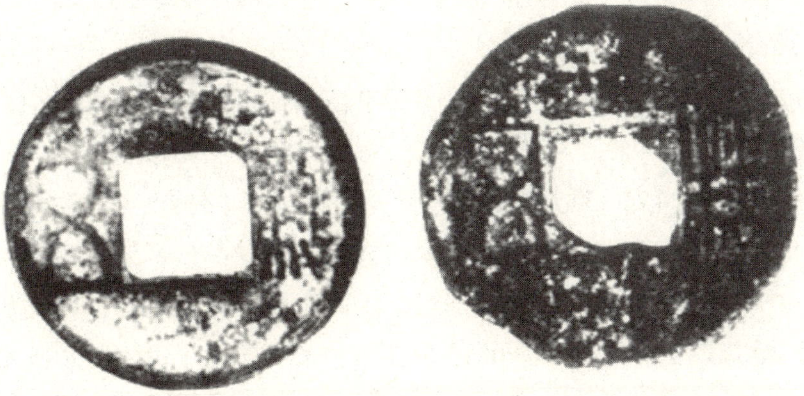

魏王铸铜钱

城池，把石城以西的土地都纳入西晋的版图之中，以牵制孙吴。在荆州边界，他针对孙皓的残酷无道，对孙吴的百姓与军队讲究信义。羊祜每当发生军事冲突，都预先与对方商定交战的时间，从不搞突然袭击。部将中有主张偷袭的，羊祜就用酒将他们灌醉，不许他们再说。有一次，部下从边界抓到吴军两位将领的孩子。他知道后，马上命令将孩子送回。羊祜经常释放被俘的敌将，对战死的吴人也厚礼殡殓，送交对方。行军路过吴国边境，如果晋军使用当地的粮草，他都要下属按数作价给予赔偿。打猎的时候，羊祜约束部下，不许超越边界线。凡是被吴人射杀的禽兽，他都送还对方。对于投奔西晋的吴军将领，羊祜更是格外优待。羊祜这些做法，使对方心悦诚服。吴国人十分尊重他，不称呼他的名字，只称“羊公”。许多人受到感召而投降于他。陆抗虽然看出了羊祜的打算，但也无可奈何，他只好告诫部下说：“羊祜专门做好事，如果我们专门干不好的事，这不等于说，不用打仗，我们就让人家制服了吗？现在，我们只要守好边界就行了，千万不能光想占对方的小便宜。”结果，在很长的一段时间里，晋吴两国的荆州边界线保持着和平的状态。

咸宁二年十月，晋武帝改封羊祜为征南大将军，恢复他贬降前的一切职权。而经过七年的练兵和各项物质准备，荆州边界的晋军实力已远远超过了吴军。这时候，陆抗已经病死，孙吴在荆州前线没有人再能和羊祜抗衡。孙皓的残暴统治更使得吴国政治昏暗不堪，将疑于朝，士困于野，民怨鼎沸，孙吴内部危机四伏，灭吴的条件已经成熟。于是羊祜不失时机地上书给晋武帝请求伐吴。但羊祜的建议遭到了朝内许多大臣的反对，以权臣贾充、荀勖等人的态度最为激烈。他们认为西北地

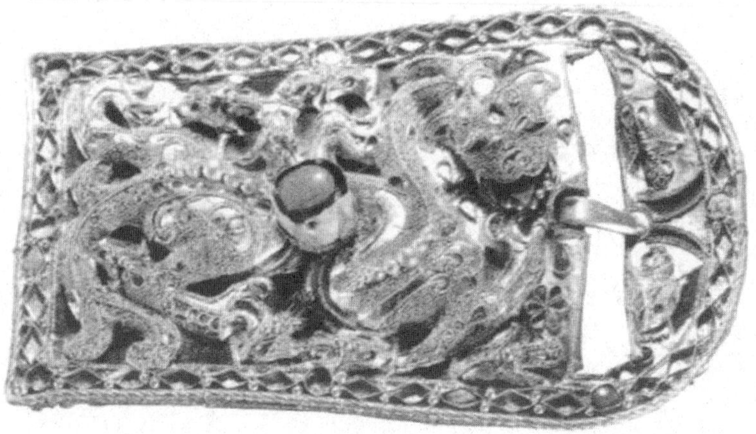

西晋·龙纹金带扣

区有鲜卑人的骚乱问题，所以不应该同时进行灭吴战争。晋武帝的态度犹豫，当时除尚书杜预、中书令张华等少数人外，羊祜的意见没有为众臣所接受，灭吴建议被搁置了。羊祜对此十分痛心。

咸宁四年八月，羊祜身染重病。返回洛阳后，他抱病中对晋武帝再一次陈述了伐吴主张。后来，因病势沉重，羊祜自知不能长久了，对前来探病的张华说："孙皓昏庸暴虐，现在灭吴可以不战而克。如果一旦孙皓不在了，吴国另立有为的新君。我们虽然有雄兵百万，也不容易灭掉它了。吴国终将成为我们的后患！"他的主张得到了张华的赞同，于是羊祜高兴地说："你是能使我志向得到实现的人。"这时候，晋武帝也意识到了机不可失，他要求羊祜带病指挥灭吴的战争。羊祜回答说："灭吴，不一定非要靠我指挥。功名的事，我并不挂在心上。如果有合适的人选，我会推荐他的。"这年的十一月，羊祜病故，终年五十八岁。临终前，他向晋武帝举荐杜预接替自己的职务。

西晋灭亡孙吴的战争是中国历史上一次重要的战争，其标志着自东汉末年以来分裂割据状态的结束，使中国重归一统。羊祜虽没能亲自指挥这场战争，但他为规划、准备这场战争做出了不可磨灭的贡献。晋武帝在灭吴后曾流着眼泪追忆羊祜的功绩，他说："这都是羊太傅的功劳啊！"

羊祜的死讯传到荆州，人们闻讯莫不痛哭流涕，襄阳城罢市，街头巷尾一片哭泣之声。就是孙吴的守边将士知道消息后，也忍不住流下了眼泪。襄阳老百姓为纪念他，在羊祜生前喜欢游憩的岘山，刻下石碑，因人们一看见石碑就想起羊祜落泪，所以这块碑又名"堕泪碑"。

二、王濬惊涛下益州

在灭亡孙吴的战斗中，攻破石头城，俘虏孙皓的是西晋大将王濬。王濬是一个性格两极化的人，但他确实是一名难得的将领。王濬，字士治，今河南阌乡县东人。他出身官僚家庭，博览群书，深得羊祜器重。

王濬在担任益州刺史时，卓有成绩，晋武帝就决定授予他右卫将军，升为大司农。羊祜知道后，向晋武帝上了一个密折，告诉晋武帝，如果要决心平吴的话，就应让王濬待在益州，他将来足可担任平吴的重任。晋武帝采纳了羊祜的建议，于是撤掉了调王濬入京的旨意，仍留他为益州刺史，并密令他做好伐吴的准备。

王濬接到旨意后，开始秘密地大造船舰。他把几条船并连起来，上面铺上木板，长宽都是一百二十步，可以载两千多人，上面可以骑马奔跑，船上又用木头建造起数层楼阁，四边都有门，可以远射，这种大船称为“连舫”。王濬制造船舰的规模，自古以来还没有过，木屑刨花，满江漂流。吴国建平太守吾彦看到上游不断地漂下木屑刨花，心存疑虑，连忙捞起一些，带着去见吴主孙皓。他对吴主孙皓说：“晋国很可能正修造船舰，做伐我东吴的准备。最好增加建平的兵力。建平守住了，晋人就不敢渡江。”可孙皓当时正喝得大醉，完全没有把吾彦的话当成一回事。

西晋·青瓷骑兽烛台

咸宁五年，即公元279年十一月，晋武帝下达了伐吴的诏令：命镇军将军琅琊王司马伷出涂中，安东将军王浑出江西，建威将军王戎出武昌，平南将军胡奋出夏口，镇南大将军杜预出江陵，龙镶将军王濬、广武将军唐彬率巴蜀兵沿江而下，东西并进，共二十万人。

公元280年正月，王濬与唐彬率领八万巴、益州水军从成都出发，开始东征。晋军水兵久经训练，士气旺盛，乘舟东下，势不可当，首战就攻克丹杨，俘获丹杨监盛纪。随后王濬率军乘楼船继续顺流前进，却不料被吴人设在长江江面的铁索挡住。当时吴人不仅在江面上设有铁索，在江心还抛下许多丈把长的铁锥。晋军的战船，一碰到铁锥就被撞沉了。于是王濬乘小船到前面探看，只见晋军先遣队的船舰已经停泊在一起，江面上，迷雾已经散去，一条条粗大的铁索横亘在面前，沙洲上，又露出铁锥尖锐的棱角，任何坚固的船只如果碰上这样的棱角，都会顷刻间被穿透！

王濬看后，立即返回楼船，召集军中长史、参谋等将领共同商议。众将你一言我一语，绞尽脑汁，也没有想出个办法。历史有时候会因一个小人物的言行而改变。在这时候，王濬一个贴身侍卫献出了计策，而历史上甚至没有留下他的名字。这名侍卫说："将军，卑职可以斗胆说一句，卑职觉得，铁索可用火烧，铁锥可做木筏带走，管保可以通过！"王濬听了这名侍卫的话，眼前一亮，立即指挥士兵抢做竹筏，每只筏方百余步，又扎起许多草人，一个个披甲执杖。然后挑选了一批水性好的高手，在水中牵筏先行。果然，竹筏遇到铁锥，就把铁锥挂走了。随后，王濬又做了许多个长十余丈的大火炬，灌满麻油，点着后火炬燃起，在战船之前运行，遇着铁索，经烈火猛烈炙烤一段时间后，铁索就被烧熔，哗啦哗啦地断了。这样，战船就又可以顺利前进了。

接下来，王濬率晋水军可说是所向披靡，先克西陵、乐乡，俘吴水军都督陆景，跟着顺流而下，所到之处，吴军不战而降。一路上，经夏口、武昌，直抵三山，逼近建业。等残暴的孙皓登上石头城放眼望去时，晋军楼船已排满江面。

太康元年二月十五日，王濬军进入吴都石头城。孙皓裸着上身，双手反绑，口里衔着玉璧，牵着羊，同穿着丧服的大夫，抬着棺材的士兵一起，跟在素车白马后面，向王濬投降了。王濬接受了孙皓的投降，并赶忙替孙皓解开绳索，接下他口衔的璧，把棺材烧了。后来，王濬将孙皓送往洛阳。他率晋军进入石头城后，收缴印信文书，封锁仓库，对百姓秋毫无犯，表现出一代名将的风采。

尽管王濬为平吴立下了汗马功劳，但在灭吴后，他并没有得到应得的奖赏。因为晋武帝下平吴令时，起初要王濬受杜预节度，到进军建业时则受王浑节度。当王濬将到建业时，王浑却要王濬暂缓攻城，要过江去与他会面。原因当然是王浑不愿王濬占首功。但王濬将在外，不受节制，他看形势对作战有利，便借言“风利，不得泊”，没有去与王浑会面。结果，战后王浑向晋武帝递上一表，告王濬不受节制，应照例论罪。晋武帝虽没有采纳王浑等人意见，可为了不得罪门阀势力，在论功时，仍把王浑评为了首功，晋爵为公，增食邑八千户。而王濬则为辅国大将军，封为县侯。王濬因此心中抑郁不平。后来，王濬开始放纵享乐，锦衣玉食，生活十分奢华。公元285年，王濬去世，享年八十岁。

点　评

羊祜是一个非常难得的军事家，人品同样出众。近两千年的风雨过去了，关于羊祜的品行，却没有人能够否定。《晋书》中说羊祜“博学能属文，身长七尺三寸，美须眉，善谈论”，羊祜博学且俊美，而且能够适应各种特殊的政治环境。夏侯霸降蜀后，“姻亲多告绝，祜独安其室，恩礼有加焉”，“时王佑，贾充，裴秀皆前朝名望，祜每让，不处其右”，这都说明羊祜是一个很懂得为官之道的人。

羊祜一生，最辉煌的地方表现在他督荆州诸军事上。晋武帝令羊祜守荆州，他“率营兵出镇南夏，开设庠序，绥怀远近，甚得江汉之心，与吴人开布大信，降者欲去皆听之”。他在荆州垦田八百余顷，使军中储备粮草可用十年。羊祜病逝的时候，不仅晋武帝素服哭之，就连荆州人听说这一噩耗时，也“莫不号恸，罢市，巷哭者声相接”。他的敌人“亦为之泣”。襄阳百姓更为他在岘山建碑立庙，岁时飨祭。

由此可见，一名像羊祜这样的好官，无论是当时还是现在，无论是朋友还是敌人，都是让人爱戴的。

相关链接

魏晋时期水战战术的发展

魏晋时期南北对峙多恃长江天堑，南方更是江河纵横，水战频繁。这就有力地刺激了水战战术的发展。其特点有三：战舰的大型化，施放遏阻装置，水战中重视火攻战术。

在战舰的大型化上，赤壁之战，曹军“船舰首尾相接”。这样连小舰为大舰，就有利于迅速运送大批兵员马匹和物资过江，减小风浪颠簸对不善舟楫的北方兵士造成的影响，以保持士兵旺盛的战斗力。尽管赤壁之战曹军大败，但这种船舰大型化的战术思想，还是有其道理的。大型船舰在水战中具有优势，因而船舰大型化是后来水战战术发展的趋势。以大舰对小舰，是常操胜券的。《晋书·王濬传》中记载，王濬灭吴时，所造大型楼船，“方百二十步，受二千余人，以木为城，起楼橹，开四出门，其上皆得驰马来往……舟楫之盛，自古未有”。王濬的楼船从益州出发，顺江而下时，更是“旌旗器甲，属江满天”，所到之处，“莫不破胆”。

战舰的大型化，也自然促使遏阻敌方战船行进，于水中设置障碍的技术得到发展。《晋书·王濬传》中“吴人于江险碛要害之处，并以铁索横截之，又做铁锥长丈余，暗置江中，以逆拒船”的做法，就是一例。

另外就是水战中火攻战术得到了重视。我国历史上水战中大规模使用火攻战术，始于赤壁之战。《三国志·吴志·周瑜传》中记载：“乃取蒙冲斗舰数千艘，实以薪草，膏油灌其中，裹以帷幕，上建牙旗……又预备走舸，各系大船后，因引次俱前……同时发火。时风盛猛，悉延烧岸上营落。顷之，烟火张天，人马烧溺死者甚众，军遂败退。”日后在东晋末年，刘裕破卢循水军时，亦赖火攻。

南风一起八王乱，颓废糜烂表帝业。

第三章
西晋王朝的短暂统治

一、自新之人周处

一个知错能改的人是值得人们尊敬的。周处是西晋时义兴阳羡人，父亲周舫，担任过吴国鄱阳太守。周处幼小时，父亲便去世了，那时他的身体很瘦弱，可谁想到他长到十八九岁时，却成了一个人高膀大、膂力惊人的大汉，一般十几二十人都不敢拢他的身。周处不爱读书，像许多缺少管教的不良少年一样，喜欢喝酒打架，到处闹事，整天四处惹是生非，成了乡里乡亲们一谈到就心惊肉跳的大害。

一天，周处醉酒后在村里闲逛。当时街角上正好有几个小孩儿在玩耍，看见周处来了，其中一个小孩“哇”的一声哭起来，转身就跑，嘴里还不停地喊着：“三害来了！三害来了！”其他的孩子一听，头也不回地跟在后边跑，一会儿就没影了。

周处虽然不知道是怎么回事，但总觉得有点儿不对。他嘴一撇，瞪圆了眼睛向四处看去，想要找个人出出这口恶气。说来也巧，刚好有个老人出来收取晾在外边的衣服。周处三步并成两步，过去就把老人提溜起来，大声呵斥道：“说！老头儿，什么是三害？”

那老人不知自己怎么突然飞了起来，等抬头一看，是周处！“我的妈呀！”老人怪叫一声，七魄早丢了六魄。周处轻轻一甩，把老人摔在了地上，接着呵斥道：“说，什么是三害？”

老头从地上爬起来，哆哆嗦嗦地说：“三害就是，南山有只吃人的虎，桥下有条伤人的鳄，村里有个打人的……”老人不敢说下去了。周处把手抬了起来，“说！打人的什么？”

“有个打人的周处！”老人说完，也不知哪来的力气，哧溜一下钻进了屋里，“咣当”一声，把门关了个严实。只留下周处一个人愣在那里。

周处回家以后，越想越觉得不是滋味。原来，在乡亲们眼里，自己和那些吃人的老虎、鳄鱼一样，都是害人的“东西”！这一夜，周处失眠了。

第二天，周处拿着剑，背着弓，上山去了。村里的人都很纳闷：这小子又要弄什么花样呢？过了两天，周处

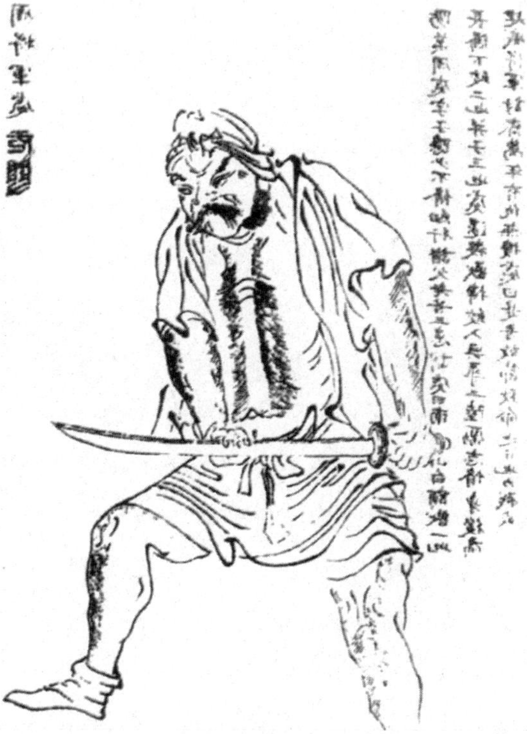

周处像

回来了，背上背着一只死老虎。他把老虎往地上一扔，什么话也没说，又向村头的石桥走去。到了桥头，翻身一跃，跳了下去。

看着周处的行为，村里人都聚拢到一起，议论起来。谁也猜不透周处到底是怎么了。这时一个年轻人笑嘻嘻地说："那还用问，是妒忌了。"大家都转过头盯着年轻人，看他有什么高见。"你们想，现在咱们老说三害、三害的，可这三害哪个才是最厉害的呢？周处肯定是想当三害的头儿呢！这不，又下河跟鳄鱼比试去了！"大家听完都笑了起来。

可周处跳到河里以后，竟然一连三天都没上来。所有的人都在想：这次该不会是两个都完了吧！村民们这样一想，都高兴起来，认为以后终于可以过上安稳的日子了。没想到，到了第四天，周处竟然浑身是血地扛着被杀死的鳄鱼上来了！

一个刚巧路过石桥的年轻人看到周处，吓得拔腿就跑，边跑边喊着："不好了，那瘟神还活着呢！"

"站住！"周处在年轻人身后大喊一声，那人立马就站住了。"你去告诉全村的人，过去是我周处不懂得做人的道理，对不住大家了。现在两害已经除去，我周处也要走了，今后就再也没有三害了。"说完，周处把鳄鱼的尸体扔到地上，转身走了。

周处离开村子后，去东吴拜大将军陆抗的儿子陆云为师，他先把自己的身世经历述说了一番，然后感慨地说："我想痛改前非，努力学习，徐图进取；只是我年岁已大，恐怕今生今世，是一事无成的了。"

陆云听后，问他多少岁了，周处说："我即将满三十。"

陆云说："古人所看重的，是朝闻夕改。怕的是没有立下一个志向，不必考虑名声地位。孔子说过，三十而立。你正当壮年，怎能消极无为呢？"

周处听后，幡然悔悟，从此立志笃学，钻研传统经典，他结合自己的经历体会，深刻领会了做人的道理，品德与学业都迅速长进。周处苦学三年后，他的事迹传到地方官吏耳里，便被推举为官。

西晋灭东吴后，周处入晋为官，晋惠帝时，担任了御史中丞。他严于律己，公正执法，不避权贵，不徇私情。当时，梁王司马肜为非作歹，因他是王亲贵戚，朝臣们无一敢言。唯有周处在朝廷上当众检举梁王司马肜的不法行为，并将司马肜府中主管中大夫张蕃绳之以法。司马肜怀恨在心，恰逢氐族人齐万年率众寇犯边，司马肜被任命为征西大将军、关中都督，领晋兵抗击。于是一些嫉恨周处的权臣，向晋惠帝进言，要周处为先锋。晋惠帝本是个白痴，就依言命周处为先锋，隶属司马肜领导。司马肜为人心胸狭隘，自然蓄谋报复。此时齐万年领兵七万，司马肜却命周处领五千人出击。周处知司马肜报复，

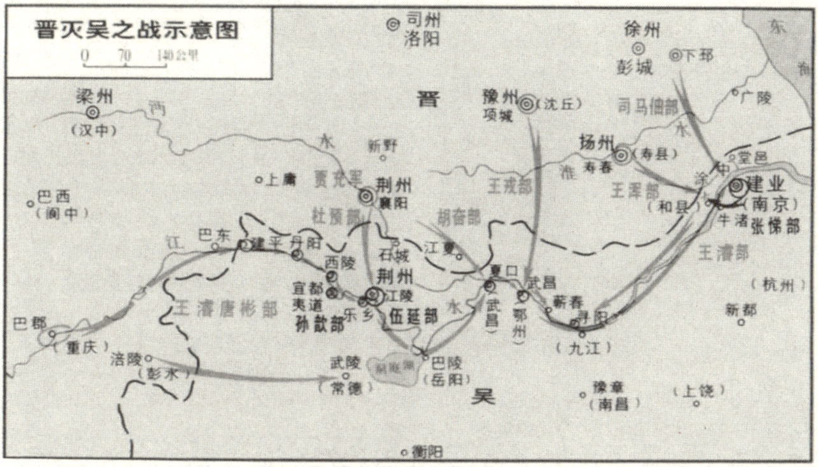

晋灭吴之战示意图

第三章　西晋王朝的短暂统治

在他离洛阳前就做好了以身殉国的准备，他对司马肜说："以五千击七万敌军，如无大军支援，肯定覆灭。我死不要紧，只怕会使国家蒙受耻辱。"司马肜则厉声说："军令如山。不依军令，即依军法。"随后又冷笑着说："你是怀疑本帅不发后军支援吗?"

周处不得已，悲愤出战。战斗从早晨打到傍晚。周处率将士与敌人鏖战，晋兵死伤大半，氐兵死亡万人。而司马肜始终未派一兵一卒支援。最后周处终于弦绝矢尽，自刎殉职。

二、司马炎对天下的治理

司马炎称帝后，总结了前代的亡国教训，他认为曹魏亡国的一个重要原因是，政府受到束缚。防范宗室，导致皇帝孤立无援。所以司马炎实行五等封爵之制，将大批同宗的叔侄弟兄封王。即位之始就一次封王二十七人，以后又陆续增封，总计达五十七个王，并允许诸王自选王国内的长吏。他还委任几位宗王统领重兵，出镇许昌、邺城、长安等处的战略要地，用以拱卫首都洛阳。这为后来的“八王之乱”埋下了隐患。

司马炎凭借朝臣、世族的支持，才得以建立西晋政权，因此他对拥戴有功的大臣和世家大族就显得特别照顾。司马炎统治的另一比较突出的特点是，他为防止功臣之间为官职高下而引起纷争，因人设官，杂糅上古及汉代“三公”的名目，在中央政府设置品级极高的太宰、太傅、太保、太尉、司徒、司空、大司马、大将军官职，号称“八公”。对臣下，他也大加分封，前后受封的异姓公侯竟多至五百余人。开始，各等封爵的食邑标准是被封地区民户全部赋税的十分之一，后来又增至三分之一。

西晋立国之初，司马炎确实颁布过一些旨在移风易俗、革除前朝弊政的措施。他撤销了对曹魏宗室和汉朝宗室的督军，宣布解除对他们的禁锢，并废除曹魏政权对出镇、出征将士留取人质的法令。此外，司马炎提倡节俭，他把原御府的珠玉玩好之物分赐臣下，自己不留。又下令削减各郡国政府对皇室的贡调，禁止乐府排演开支较大的靡丽百戏，停止有司制作各种游戏畋猎的器具。同时，司马炎恢复了被曹魏废止的谏官制度，把傅玄、皇甫陶这样清正敢言、德才兼备的官吏委任为谏官，广开言路。在用人方面，司马炎比较不计旧怨，某些原属曹魏集团的官吏，如太常丞许奇等都得到了启用。后来，他还选用了一批原蜀汉大臣，如学者谯周、文立以及诸葛亮的孙子诸葛京。

司马炎批准颁行的《泰始律》，是我国古代一部重要法典。

西晋·庄园生活壁画

公元268年正月，司马炎批准颁行新律，这就是《泰始律》。《泰始律》从公元264年开始编修，前后共费时二年半时间，修律的名义主持人为贾充，学者羊祜、杜预等十四人都参与了制定工作。全部律文共有“二十篇，六百二十条，二万七千六百五十七言”，加上四十篇全文，“凡律令二千九百二十六条，十二万六千三百言，六十卷，故事三十卷”。《泰始律》对汉魏旧律进行了较大幅度的改造整理，使其更加简约完备，成为巩固西晋地主阶级统治的有力工具。《泰始律》的体例比较严谨，远比汉魏旧律完善准确，虽律文的篇目比旧律大为增加，但其条目却比旧律省减了两千有余，确实克服了旧律错杂重出的弊病，有简便易行的优点。而且《泰始律》对后世有很大影响，南北朝乃至隋唐的法律无不打上它的烙印。

由于司马氏的政权是依靠世家门阀建立的，在政治上、经济上优容功臣勋贵，但他绝不允许功臣勋贵们控制重兵，构成对自己政权的威胁。这一点，从司马炎解除了镇戍淮南的大司马石苞的兵权就可以看出来。石苞是西晋王朝的开国元勋，他曾参与平定诸葛诞的兵变和劝说魏帝禅让。平定诸葛诞后，石苞代镇淮南十一年之久。淮南驻军兵马强盛，靠近东吴前线，石苞又久著威名，这些都使司马炎感到十分不安。这时，石苞与淮北监军王琛不合。王琛密表洛阳，说石苞私通东吴。不久，荆州刺史胡烈也上表说，东吴准备有大规模的军事行动，石苞听说东吴有大规模的军事行动，就开始筑垒遏水进行设防。结果，这一连串的消息却增强了司马炎对石苞的疑虑。于是司马炎以“不料贼势，劳扰百姓”的罪名将石苞免职，派宗室司马望率领大军开赴淮南，以防不测。石苞知道消息后，就主动放弃兵权，到寿春的都亭等候处理。司马炎见石苞这样做，也就放下心来，没有再追究石苞的问题。

司马炎解除石苞的兵权后，开始加强对南线的军事部署，着手灭吴的准备工作。泰始五年，他派羊祜为都督，行荆州诸军事的职务，坐镇襄阳；把镇东将军卫瓘从徐州调往青州，改派宗室司马伷都督徐州诸军事、镇守下邳。羊祜是司马师的内弟，西晋皇室的重要外戚。他为灭东吴，做了重要的准备和策划工作，使晋吴对峙的局面不断向有利于西晋方面转化。

泰始六年六月，河西鲜卑起兵反晋，秦州刺史胡烈镇压失败，被杀。胡烈被杀后，河西鲜卑首领秃发树机能又吓退坐镇长安的司马亮派来援救秦州的大军。战报传来，使司马炎无比震恐。他免去司马亮的职务，改派另一宗王司马骏接替他镇守关中，同时任命尚书石鉴都督秦州诸军事，负责平定河西鲜卑动乱。石鉴与新任秦州刺史杜预有芥蒂，他到达秦州，强令杜预出兵。杜预拒绝，而向石鉴提出比较稳妥的攻战方案，石鉴不予采纳，将杜预逮捕，并亲自带兵与秃发树机能交战，结果大败而归。

此后秃发树机能的兵力越战越强，引得周围地区的少数民族受到鼓舞，纷纷起兵响应。秃发树机能起兵九年，相继斩杀秦、凉二州四位刺史。咸宁五年，秃发树机能攻陷凉州的治所武威城。司马炎得知后，坐卧不宁，叹气说：“你们有谁能为我讨平西方啊?”不想，宫内宿卫官司马督马隆毛遂自荐，于是司马炎当即同意，拜其为武威太守、讨虏护军。马隆要求自己募兵，自己挑选武器，司马炎也满足了他的要求。同年十一月，马隆带领三千五百名募兵渡过温水，与秃发树机能的几万大军展开激战。马隆连战连胜，不但收复武威，还迫降一部分附属于秃发的河西鲜卑。十二月，秃发树机能被马隆击溃后，被下属所杀，西北的战乱得到平定。

咸宁二年，羊祜上表给司马炎，请求伐吴。这一建议遭到贾充、荀勖等人的坚决反对。当时，贾充、荀勖等人以秦、凉地区的动乱尚未平定为理由，极力阻挠南进。司马炎也无法下定灭吴的决心，这除了有西部动乱的原因外，还因他分封诸王以屏卫皇室的计划还没有完全实现。咸宁三年七月，司马炎接受卫将军杨珧等人的建议，命诸王就国。由于诸王贪恋京师的奢华生活，都把救国看作是一件痛苦的事情，“皆涕泣而去”。这就让司马炎预想的目的在其死后未能实现，懦弱无能的宗王们在以后的政治事变中，几乎没有发挥太大的作用，相反，却酿成了空前的历史悲剧。

晋·持刀开士俑

咸宁四年六月，羊祜病重，要求入朝面陈灭吴大计。司马炎听取了羊祜的意见。不久，羊祜在病榻上要前来探病的中书令张华转告司马炎说：“吴主孙皓暴虐异常，现在出兵可以一举成功。如果孙皓死掉，吴国另立有为新主，我们再有雄师百万，也难渡长江天险。”司马炎听到后，受到震动，要求羊祜卧领诸将，带病出征。羊祜自知已经病入膏肓，只说：“灭吴战争不一定非我指

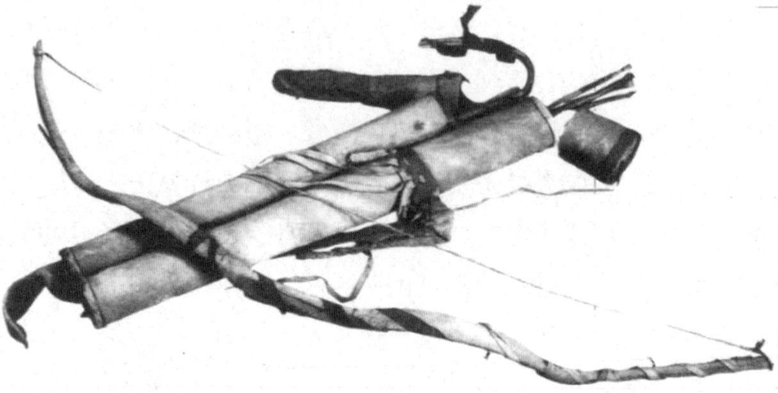

西晋·弓、箭菔、弓袋、刀鞘

挥不可，我可以推荐一个能够胜任的人选。”可惜，就在这一年的十一月，羊祜病故。他在临终前，举荐杜预代替自己。

杜预以镇南大将军、都督荆州诸军事的职务到达襄阳后，以离间计诱使孙皓撤换了对晋军有威胁力的西陵总督张政，由于孙吴临战易帅，致使在战争开始后，西线吴军迅速崩溃。咸宁五年八月，杜预向司马炎上表请求伐吴。司马炎回答将在明年准备出兵，杜预则反对，他认为东吴西部的兵力已调空，这是大举进攻的最好时机，如果给孙皓以喘息时机，很可能要功亏一篑。益州刺史王濬也上书请战，请求皇帝切勿坐失良机。司马炎终于被说服了。

咸宁五年十一月，司马炎令张华为度支尚书，主持灭吴大局，掌管漕运粮饷，下令以六路大军，二十万众，大举攻吴。滑稽的是，平吴主帅，司马炎选定的竟是反对此次用兵的贾充。这是因为贾充是司马炎最亲信的大臣。贾充不愿意，上表推辞，被司马炎威胁说：“你不受命，我就只好亲行了。”就这样，贾充很憋屈地成了平吴的一号人物。

公元280年，南下灭吴的晋军所向披靡。三月，王濬以水军八万人攻入石头城，吴主孙皓向晋军投降，吴、晋两国对峙的局面结束，全国重归一统。在这之前，还上演了一幕闹剧。晋军将士南下，在前方浴血奋战，主帅贾充却远离前线，上表称东吴不易平定，要求班师回朝，更咬牙切齿地要求将张华腰斩。可就在这时，平吴的捷报进京，贾充可说是丑态毕露。然而，司马炎丝毫没有责怪贾充，反而极力宽抚，这也是门阀势力强盛的一种表现。而且这位灭吴的阻力贾充，却在战后，因主帅的身份，平白得到增封食邑八千户的赏赐。

平吴后，司马炎通过限定最高占田数目，以阻止私人大量兼并土地和通过规定课田的最低限额，占田农民根据固定的课田数而交纳固定的课田租税，又使封建国家的租税收入得以保证。司马炎在全国范围内颁行占田和课田、户调的制度。法令规定："男子一人占田七十亩，女子三十亩。其外丁男课田五十亩，丁女二十亩，次丁男半之。"还规定，课田五十亩，收田租四斛。"丁男之户，岁输绢三匹，棉三斤，女及次丁男为户者半输"。边远郡县只交户调三分之二或三分之一，少数民族不课田，每户交三斛，再远的交五斗，名曰义米。极远的交钱二十八文叫作算钱。户调为賨布一匹，远地可减至一丈。上述规定只是个平均数，实际征收时还要按照贫富分为九等，根据户等收税，即所谓九品相通。

司马炎本身就是习于安乐，贪恋奢华的人。称帝之初，他还矫情伪饰，提倡节俭，以巩固统治，可不久就按捺不住，露出本性了。泰始九年他下诏采择公卿以下的女子以备后宫，并禁断人间婚嫁。平吴后，更把东吴后宫五千粉黛尽收洛阳。这样，西晋后宫的嫔妃多达万人。弄得司马炎都不知应宿在何宫为好。他也能想法，干脆乘坐羊车，由羊任意而行，停在哪里，就宿在哪里。宫嫔为博得帝王的宠幸，就在自己的宫门前放上羊喜爱吃的竹叶和盐，诱使羊车停在自己那里。这一招最初还有点效果，可不久宫嫔们互相模仿，把羊也弄得不知该去哪里好了。上梁不正，臣下们就更是敢胡作非为，西晋王朝的统治阶层是以奢侈荒淫著称于史的。不过，由于全国统一，社会安定，太康初年曾出现过一段短暂的经济繁荣时期，社会经济有所发展。在太康三年统计的全国户籍总数为三百七十七万户，比平吴初增加一百余万户。

三、西晋士风

前面已经说过，晋武帝的西晋王朝是在得到士族门阀的支持下建立的。并且他认为曹魏政权在不到半个世纪的时间里迅速灭亡的主要原因是未给宗室诸王军政大权，以至于皇室缺少卫护。因此，他建立西晋后学习西周，大搞分封，封同姓王二十七国，公、侯、伯、子、男五百余国，所封户数几占全国户口的半数，使得受封的宗室贵族在朝能呼风唤雨，而一旦出镇一方，就拥有重大兵权，且可自置官吏，一个个位高权大，称霸一方。晋武帝的行为无疑是历史的倒退，他的做法弱干强枝，削弱了中央集权制，是历史上西晋王朝政局不稳的重要原因之一。

影响晋代政治变化的除分封王公外，另一件就是已经说过的士族门阀势力的强盛。说到晋代士族势力的兴起还要从东汉说起。士族门阀的渊源可以追溯到汉代出现的世家大族，而发展到政治上支配政权，政治、经济利益取得法律的确认和保护，从而使其传统特权制度化，则是在魏晋之际。

东汉时期，伴随着田庄经济的崛起，世家大族在经济上拥有大量土地和依附人口，在政治上通过察举选官和私家传授经学，形成了“累世经学、累世公卿”的局面。东汉中后期，宦官专权，政治腐败，汉代的察举选官制度名实不符，已经很难选拔出真正的人才。再加上东汉末年，战乱频繁，社会动荡不安，人民背井离乡，致使难以掌握士人的真实情况，使察举制也就再也无法实施了。曹操为了发展势力，实行了“唯才是举”的政策。曹丕称帝后，为使“唯才是举”的原则得到全面贯彻落实，根据吏部尚书陈群的建议创立了“九品官人法”。“九品官人法”规定在州、郡、县设立“中正”，均由在朝廷担任高级官职的本地人充当。中正负责考察本地士人的家世门第和品德才干，评定等级，即“品”，共分九品，并写出评语，上报中央政府。中央有关部门选任官吏时，主要依据中正为士人评定的品第，授予相应的官职，这就是“九品中正制”。

“九品中正制”在最初施行的时候，因中央选择的中正多以“贤有识见者为之”，身为中正的人能够采择舆论，品量人物，“盖以论人才优劣，非为世族高卑”，体现了“唯才是举”的精神，确实为曹魏政权选拔了一些比较有才干的人以充实官吏队伍。然而随着时间的推移，到了曹魏后期，“九品中正制”发生了实质的变化，这一变化，突出表现在中正们不再“唯才是举”，为了维护世家大族的政治特权，他们对士人的品评越来越重视家世门第。到了西晋时期，中正一职都被各地在京做官的世家大族所把持，结果出现了“上品无寒门，下品无世族”的可悲局面，“九品中正制”完全蜕变为世家大族垄断选官途径的工具。而“九品中正制”的这一变化，又导致世家大族的势力急剧膨胀，从而产生了以家族为单位，以门第为标准的特权阶层——士族门阀。

士族门阀势力对西晋影响深远，司马氏代魏建晋，如果不借助于世家大族的力量就不可能实现，在这些世家大族中，平阳贾充、河东裴秀、太原王沈是其代表。由于贾、裴、王三家势力的强大，所以在当时有民谣说："贾、裴、王，乱纪纲。裴、王、贾，济天下。"可说乱是"贾、裴、王"，兴亦"裴、王、贾"，形象地说明了世家大族在灭魏建晋过程中起到了举足轻重的作用。世家大族的能量已经足以左右一个王朝的兴废。这也就是西晋政权建立后，司马氏确认和维护世家大族的政治、经济利益，与他们共享胜利果实的直接原因。司马氏妥协的后果就是伴随着世家大族势力的继续增长，他们所享有的各种特权由习惯上传承变为法律上的肯定。就这样，士族门阀制度终于在魏晋时期得以形成和巩固。

西晋的士族，因为生活优裕奢靡，受到礼法的束缚很弱，加上全国已大一统的时代背景，西晋士人们比较喜欢去关注那些与现实脱节的文化，在哲学宗教上喜好谈玄论道。魏晋南北朝时期

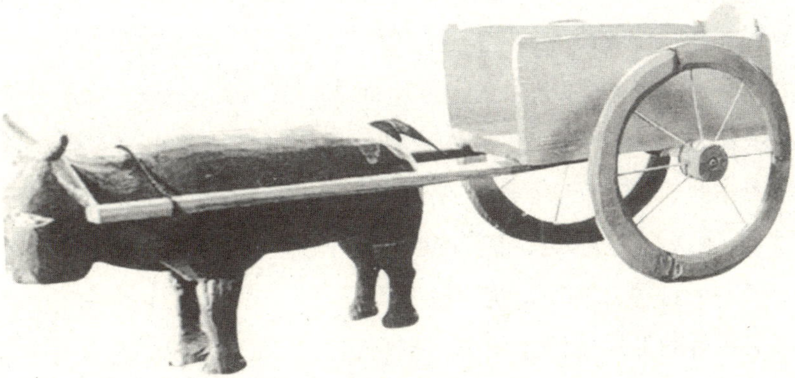

彩绘木牛车

的哲学主要有两大派，一是以“神灭论”为代表的唯物主义，另一个就是以“玄学”为代表的唯心主义。

玄学始于曹魏正始时期，当时的士人崇尚清谈玄学之风。玄学的“玄”是幽远之意，是以道家唯心主义理论解释儒家经典《易》为中心形成的思想流派，“无”是玄学的核心。

魏晋时期玄学的代表人物是何晏和王弼。《老子》曰：“玄之又玄，众妙之门。”王弼认为“玄者，冥也，默然无有也”。在玄学家眼里：道就是天地万物的本体，也就是“无”的别称。“无”是神秘的，不具有物质属性。而“有”却是从“无”产生出来的。何晏、王弼以后，玄学的代表人物有阮籍、嵇康等“竹林七贤”。由于“竹林七贤”反对司马氏专权，因此遭到迫害。于是“竹林七贤”在思想和生活方面，采取崇尚自然，反对名教，放荡不羁，使酒任性的态度。在政治上则崇尚“无为”，主张“无为而治”。以至于发展到主张“无君”、“无臣”的程度。“无君”思想为阮籍、嵇康等人提出。两晋之际，这一思想被鲍敬言继承，并在这一思想上加以发展，写出了《无君论》，系统地提出了“无君”的主张。鲍敬言认为：“曩古之世，无君无臣，穿井而饮，耕田而食；日出而作，日入而息……不竞不营，无荣无辱。”而出现君臣和国家制度后，“役彼黎烝，养此在官，贵者禄厚，而民亦困矣。”在鲍敬言看来：“古者无君，胜于今世。”他认为造成人民痛苦的剥削、压迫、战争等的根源都是由于产生了君主，产生了统治阶级。

西晋的上层统治集团为士族所占据，在这种权力与文化的垄断上，就造成了西晋奢侈腐朽之风空前的局面。从皇帝开始，一直腐败到大小官吏。晋武帝姬妾近万人，后宫挥霍无法计算，为满足他奢侈的生活，他公开卖官，所得之钱尽入私囊。太傅何曾每天所用饭钱就为一万钱，还说没有下筷子的地方。而何曾子，司徒何劭竟然每天用饭钱二万。“以奢靡相尚”的风气加速了西晋的灭亡，给广大劳动人民带来极大的痛苦，加剧了阶级矛盾。车骑司马傅咸曾在上书晋武帝时说“窃谓奢侈之费，甚于天灾”，其奢靡程度可见一斑。

四、石崇、王恺等士族之间的奢华斗富

关于西晋的奢靡，历史上最出名的是大士族石崇与外戚王恺斗富的事情。石崇，字季伦，属今河北省南皮县人。石崇小的时候聪明勇敢，才能杰出。石家兄弟六人，石崇最小，可他的父亲石苞临死时，把财产分给他的五位兄长，却唯独没有分给他。石崇母亲觉得太不公平，替石崇抱不平，石苞回答说："此儿虽小，将来定能致大富。"

石崇后来果然成为巨富，不过他致富的方法却是靠抢。石崇二十来岁出仕，先后担任过修武县令，荆州刺史，徐州监军等职。他没有将自己的聪明才智用在正途上，而是用在了牟取私利上。在荆州时，他带领部属装扮成强盗抢劫豪商巨富，把财物掠为己有，就这样他成为了巨富。

后来石崇升任大司农，拜太仆，成为九卿之一。从此他居住在了洛阳，他在洛阳的金谷建造了一座规模异常宏大的别墅，园中亭台楼阁，雕梁画栋，极其华丽。这就是历史上著名的金谷园。他居住在园中，后房内如花似玉、丝罗遍体、头插珠翠、耳戴金环、能歌善舞的妻妾数以百计。在这些妻妾中石崇最喜爱的

是一名叫绿珠的美女。

王恺为外戚，他的姐姐是司马昭的妻子，晋武帝司马炎的母亲王太后。王恺也是奢侈成性的人。他一向看不起靠抢劫起家的石崇，一心想在财力上压倒他。石崇呢，也不服王恺是皇家亲眷，结果两人就暗中比试。王恺用糖水刷锅，石崇听说了，就用蜡烛煮饭；王恺用紫纱做成了长四十里的屏障，石崇就用锦缎做成长五十里的屏障。而石崇用椒泥粉刷墙壁，王恺则用赤石脂涂墙。

西晋·青瓷双系鸡首壶

两人竞相豪奢，比试中，石崇往往能略胜一筹。王恺着急了，就跑到晋武帝面前诉苦，晋武帝自然要偏向自家的人，就笑着对王恺说：“舅父是为斗不过石崇而气恼吧。朕今赐你一株南国进贡的珊瑚树，高二尺余，是世上少有的宝物。舅父拿去，应该可以使脸面生辉了。”

王恺得到了珊瑚树，就高兴地带着这宝物去羞辱石崇。他把珊瑚树置放在石崇家的大理石桌面上，望着这晶莹剔透的宝贝，十分得意。不想，石崇端详了一下，顺手拿起一个铁如意，当当两声，就将珊瑚树击得粉碎。

王恺一见，大惊失色，声色俱厉地质问石崇，揪着他就要去见晋武帝。石崇反而哈哈笑了起来，他一摆手，对王恺说："王将军未免太小气了。这算什么玩意儿？我赔你一株就是了。"随后他向仆人说了几句，不一会儿，仆人们就抱出了六七株高三四尺的大珊瑚树来，看得王恺目瞪口呆，半晌说不出话来。王恺由此才知道石崇的财富远远超过了他，他只好认输。石崇也因此在洛阳成名。

大臣傅咸对这种奢侈浪费的行为深感忧虑，他上书晋武帝，希望对这样比阔气、比奢侈的行为进行制止。晋武帝看了奏章后，则一笑了之。因为他在很多方面比石崇、王恺更是穷奢极侈，而且竞相奢靡已成为了西晋权臣的通病。

除了已经提到的石崇、王恺外，还有许多因奢侈而在历史上出名的权臣。王戎，字濬冲，琅邪临沂人，他也是个自幼就十分聪明的人。王戎小时候，有一次，他和一群孩子在路边玩儿，大家看到一棵李子树上已结满李子，就一窝蜂地爬上树去摘，独有王戎一动不动。伙伴们看了，就奇怪地问他："为什么不去？"王戎回答说：

五星二十八宿神形图案·氐星神

“树长在路边，却结了这么多果实没有人摘，那李子应是苦的才对。”伙伴们都笑他多虑，结果那群先爬上树摘到李子吃的人全都被李子苦得直龇牙。

晋武帝时，王戎官至吏部尚书，到晋惠帝时，他被拜为司徒，位列三公。然而他却是一个利欲熏心的贪吝鬼。王戎家产不计其数，庄园遍及八方，仓库里堆放的钱多得都生锈了。可当他的女儿出嫁时，找他借了几万钱后，女儿每次回家，他都板起脸孔，满脸地不高兴，直到女儿把钱还了，他才喜笑颜开。王戎家的李子树品种好，结的果实又大又甜。王戎等果实成熟后，就拿到市场上去卖。他怕别人把这个好品种移植了去，就在出售前，把每个李子的核都钻一个洞。西晋有着这样一群贪财好利、奢侈糜烂的大臣，怎么能不亡国呢？

五、晋惠帝不惠

晋武帝临终时把帝位传给了一个智力低下的人，这就是晋惠帝。在中国的历史上有两个智力有问题的皇帝，他们都出现在晋朝，其一就是西晋的晋惠帝。晋惠帝司马衷，是司马炎的次子，自幼养尊处优，性似白痴，有时连生活亦不能自理。

司马衷的智力到底低到什么程度呢？有这样两件事，有一次雨后，司马衷听到宫外蛤蟆叫，就问身边的太监："你们说，它们是为公家叫呢，还是为私家叫？"弄得众人莫名其妙。好在有一太监脑袋很灵，他回答说："公家地里的蛤蟆是为公家叫的，私家地里的蛤蟆自然就为私家叫了。"不久，国内一些地区发生了灾荒，群臣议论纷纷，有的说："百姓们已经连粥都喝不上了……"司马衷听了就问："他们没有馒头吃吗？"大臣回答说："粥都喝不上了，哪来的馒头？"他听后想了半天才说："那就让他们喝肉粥吧，那东西一定家家有……"听了这样的话，满朝文武都啼笑皆非，谁也不好再说什么了。

晋武帝的一生虽不能说是雄才伟略，但总还是一位有能力统一天下、控制四方的君主，他为什么要选择一个白痴做他的继承人呢?晋惠帝司马衷为杨皇后所生。杨皇后生三子，长子名轨，两岁就死了，次子就是司马衷。按立长立嫡的规则，司马衷是当而然之的皇太子。另外，古人常说母以子贵，对晋惠帝而言应是父以子贵吧。最初，司马衷已长到二十几岁，仍不懂男女之事，司马炎就派才人去伺候，不久那才人就怀上了孩子。司马衷虽愚钝，可他的这个儿子却聪明伶俐，司马炎十分喜爱。一夜宫苑起火，晋武帝想到火场看看，正巧司马衷的儿子也在。这小孩子拉着爷爷的手说："您是天子，如果火烧着您，是很危险的!"于是，晋武帝就有了想把江山交给这聪明的小孙子的念头。

立司马衷为太子，自然会遭到为国家社稷担忧的朝臣们的反对。一些大臣主张立司马攸为太子。前边说过司马攸的特殊身份，所以晋武帝十分担心司马攸会对司马衷构成威胁。不久晋武帝封司马攸为齐王，想把他远远打发了，要他立即起程。司马攸听说后郁闷成疾，乞求宽限日期。司马炎就派御医去察看病情，御医回禀，谎称齐王无病，晋武帝便再次下诏催促。司马攸无奈，只好带病辞行，行至半路，呕血而亡。司马攸死后，晋武帝惩办了那几个御医，将事情搪塞了过去。

即使这样，大臣们也纷纷劝谏，请皇上不要把大位让司马衷继承。晋武帝面对权臣的反对，他采用了自欺欺人的拙劣手法。他向大臣们说："司马衷只是有点儿笨而已。"为此，他选取当时的几件政事，写成问卷，让宫人送给司马衷回答。司马衷当然答不上，但他的妃子叫贾南风，是个权力欲极强的人，她把问卷拿给亲信，让他们帮着答了出来，又让司马衷抄了一遍，然后才呈给晋武帝。晋武帝看后，龙心大悦，并用这张答卷堵塞了大臣们的嘴。

公元289年，刚刚五十四岁的晋武帝，由于恣意声色，身体早早地垮掉了。当年年底，他的病势转重，不能起床。晋武帝继后杨氏的父亲杨骏伺机控制了朝政，禁止百官与晋武帝见面。杨骏出身于弘农大族，他专权好利，与其弟杨珧、杨济权势熏灼，有“三杨”之称。杨骏这时唯一担心的就是晋武帝重用其叔，精明强干的汝南王司马亮。于是他鼓动病重的司马炎把司马亮调至豫州。

公元290年三月，晋武帝虽已气息奄奄，整日处于昏迷状态，但也偶有清醒之时。他发现杨骏弄鬼，于是又下令尚未成行的司马亮参与辅政。可诏书却被杨骏扣押，不为外人所知，杨骏反叫皇后杨氏假借晋武帝的名义发布诏书，催促司马亮上路。四月，司马炎病死。临死前，这位西晋唯一有所作为的皇帝还在问：“汝南王来了没有？”

晋武帝死后，司马衷继位，杨骏以太傅、太尉、大都督、侍中、录尚书事诸职总揽朝政。然而不过一年，皇后贾南风发动政变，将杨骏杀死。此后，“八王之乱”爆发。公元316年，刘渊的侄子刘曜攻破长安，俘获西晋末代皇帝司马邺，西晋亡国。这些都不过发生在二十五年的时间里。

六、贾南风与八王之乱

晋惠帝无能力治理国家，王朝的大权自然旁落，引来了他人的窥视。在这些企图夺取王朝最高权力的人中就有晋惠帝的皇后贾南风。贾南风是晋开国功臣贾充的女儿。贾南风的母亲是贾充的次妻，叫郭槐，非常凶悍妒忌。郭槐生有二女，长女名南风，次女名午。贾南风又矮又黑，性格继承了郭槐的凶悍妒忌。贾午却是个灵秀的姑娘，历史上还留下了关于贾午的一段爱情故事。

贾午人小鬼大，她私自爱上了相府中的青年官吏韩寿，为表爱慕，就把家里的香料偷偷地赠送给了韩寿。韩寿也喜欢贾午，得了心上人的信物，就天天带在身上，结果浑身香气四溢，引得同僚们议论纷纷。贾充知道后，就传韩寿来见，一闻到他身上的香味，就明白是怎么回事了。原来，贾午送给韩寿的这种香料是西域的贡品，晋武帝除六宫外，只赐给了贾充。贾充于是就回家向侍婢查问，这才确定了女儿的私情。贾充为掩饰家丑，于是就招韩寿为婿。这样韩寿偷香的典故就流传了下来。

贾南风则在十五岁时，就成了才十三岁的太子司马衷的妃子。其实，晋武帝原本看中的是司空卫瓘的女儿。在西河鲜卑作乱时，晋武帝想让贾充挂帅，贾充担心离开洛阳后自己的地位将会不保，就设法把贾南风嫁给了司马衷，这样一来晋武帝就不好硬让亲家公去远征了。贾南风能成为太子妃，一是有父亲的权势地位做靠山，另一方面与其母亲郭槐的积极活动有相当关系。郭槐通过贿赂宫女的方法，向武帝杨皇后说情，将贾女说成了一个虽然貌丑，却才德兼备的人。杨皇后听信了谣言，就以“女子尚德不尚色”为理由，终于说服了武帝，选贾南风为太子妃。

前边说过，司马衷能当上皇帝和晋武帝测试他时，贾南风帮忙作答有很大关系。当时，权臣卫瓘极力反对让司马衷为帝，一是司马衷确实没有治理天下的才能，二是因为卫瓘不愿意看到贾家的势力继续壮大。晋武帝也对太子的才能有些不放心，就派人持一封封着几件有待解决的疑难之事的密函给太子。太子无法回答，就去问贾妃。贾妃忙派侍婢到相府找了位师爷来进行回复。师爷写完后，贾妃又把给事张泓叫来商议。张泓看完师爷代拟的回复后说：“太子不读书，圣上心里明白。这答复中引了许多的经义典故，一看就知道是别人代拟的。真是查究下来，弄个水落石出，任何人也摆脱不了干系。不如直率陈词，纯用口语答复，兴许能免除圣上的怀疑。”贾妃听后，当即请张泓用太子的口气草拟了一个回答，然后要太子抄写一遍，交内侍带进宫去了。晋武帝看了回答后，是否真的被欺瞒，不得而知，但他确实从此打消了废去太子的想法。

贾南风是一个非常凶悍残忍的女人。贾南风成为太子妃后，太子宫中的妃嫔都不敢亲近太子。如果宫人怀了孕，贾南风就把孕妇叫来，令人用戟戳死。而且她还曾亲手杀死过数人，令人毛骨悚然。

司马衷继位后，贾南风立为皇后。起初，皇权控制在杨太后和其父外戚杨骏手中。在晋武帝临死的时候，他们乘晋武帝昏迷之际，伪造遗诏，授杨骏为太尉，兼太子太傅，都督中外诸军事，把朝政大权攫取到了自己手里。贾皇后对权势有着极强的渴求，她不甘心权力掌握在他人手中。司马衷继位一年后，贾南风勾结殿中中郎孟欢、李肇等人，召年轻气盛的楚王司马玮入京，告称杨骏谋反。随后贾南风胁迫晋惠帝下令，派东安公司马繇带兵包围了杨骏的府第，将杨骏当即杀死，杨骏的亲信数千人也一并被杀。影响中国历史近三百年的“八王之乱”由此开始。为斩草除根，贾南风还将杨太后废为庶人，杨太后的母亲庞氏也被连坐。杨太后为救母亲，她剪发叩头，向贾南风乞求，贾南风毫不理会，促令行刑，将庞氏枭首宫门。而年仅三十四岁的杨太后则被幽禁于金墉城，因不供给饮食，被活活饿死。

剪除了杨氏的势力后，贾南风开始一边巩固自己的地位，一边设法消除司马家族的力量。她大力提拔亲属为官，作为自己的拱卫。堂兄贾模，被越级提升为侍中。表舅郭彰，担任右卫。地位上升最快的是贾谧。贾谧原名韩谧，是贾午与韩寿生的儿子。贾充无子，便把韩谧过继为孙儿，改名贾谧。所以，贾谧以贾家继承人的身份，格外受宠，历任散骑常侍、后军将军、侍中等官职，可随意出入禁廷。

贾南风独揽朝政后，生活极为淫靡。太医令程据，白面长须，身材俊伟，贾南风常常以医病为名，召他进宫，留其在宫中伴宿。而贾南风并不以程据一人为满足，她时常派心腹婢媪，在京城中物色美貌少年入宫伴宿。为防止丑事泄露，往往在满足了自己的淫欲后，就将美貌男子杀死。在被骗入宫中伴宿的少年中，只有一洛阳府属下的小吏，因面目韶秀，形似女郎，贾南风格外喜欢他，才让这人活着出了宫。

为了进一步专权，贾南风开始对皇室成员下手。贾南风剪除杨氏时，曾事先与司马亮商量，要司马亮出面清君侧，老成的司马亮没敢答应。于是贾南风就利用司马玮发动了政变。政变成功后，贾南风为借助司马亮的威信，就任司马亮为太宰，录尚书事，总理朝政。升司马玮为卫将军，司马亮为太宰后，为了提高自己的声望，邀买人心，滥施封赏，封侯拜爵者上千人，同时他又想剥夺司马玮的兵权。贾南风看到两人之间的矛盾，就借刀杀人，先矫诏让司马玮讨杀了司马亮，反过来又指责司马玮擅杀大臣，图谋不轨，派殿中将军王宫杀死了司马玮。

贾南风的专横，直接引起了司马氏诸王的警觉。贾南风掌权七八年，但她并没有一男半女。太子司马遹，不是她生的。贾南风怕司马遹长大后，自己的地位就保不住，便设计骗杀了太子。太子被害，使野心勃勃的赵王司马伦有了机会，他抓住把柄，派禁军校尉齐王司马冏带兵进宫逮捕了贾南风，将这位悍后毒死在了金墉城。

司马伦是一个野心大而头脑简单的人。他杀死贾南风后，矫诏命自己为大都督、相国。不久干脆逼惠帝禅位，自己做起了皇帝。这一来，就又给其他诸王以讨伐的口实，公元 301 年三月，齐王司马冏、成都王司马颖、河间王司马颙联合起兵声讨司马伦。司马伦战败被杀，其四个儿子被处死，其党羽大都被夷族三代。这一血战，兵士死者十万，可说是血流成河。

跟着，惠帝得以复位，封赏功臣，司马冏为大司马，辅政，司马颖为大将军，都督中外军事，司马颙为侍中太尉。西晋司马

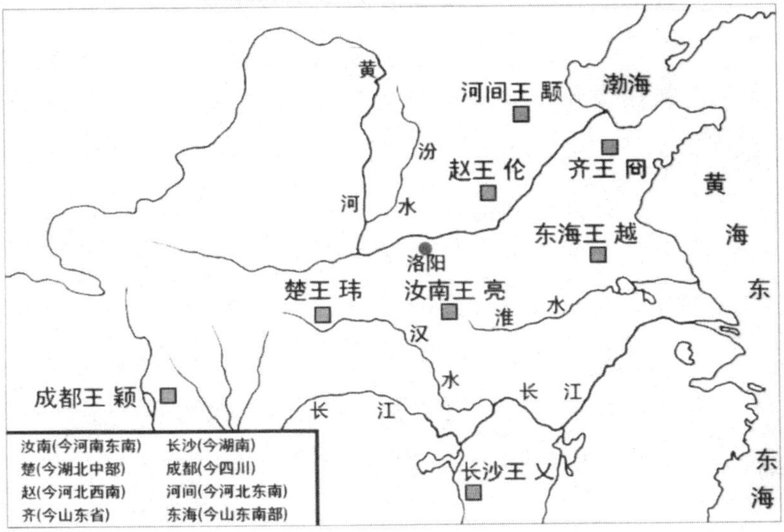

西晋八王封国略图

氏自晋武帝以后，可说是一代不如一代。司马冏当权后，立即大建府第，沉湎酒色，开始追求奢侈享受。于是，长沙王司马乂与司马颙趁机发难，发兵攻打司马冏府，两军在洛阳展开大战，最后司马冏被擒杀，其同党同样被夷三族。司马颙本是想借司马冏之手杀掉司马乂，然后以乂作为口实，声讨司马冏。可没想到司马乂竟然能顺利得手。于是，司马颙又与司马颖联合起兵，进攻洛阳的司马乂。这一战，延续了几个月，兵民战死数万人。就在司马乂坚城血战时，洛阳城中东海王司马越与左卫将军朱默突然哗变，将司马乂逮捕，并出卖给司马颙的将领张方。张方恨司马乂顽强抵抗，将司马乂抓来，活活地烧死了。

随后司马越、司马颖、司马颙三王之间继续为夺取最高权力争战不休。先是司马越攻司马颖，为司马颖击败，逃回自己封地东海。幽州都督王濬也趁机作乱，他勾结一部分鲜卑、乌桓骑兵攻打司马颖，司马颖也请匈奴左贤王刘渊助战。战争形式开始升级，局势更加混乱。司马颖毕竟不是王濬的对手，最后战败。司马颖被击败后，到处流窜，最后被范阳王司马虓的长史刘舆杀死。朝政落到了司马颙手中。逃回封地的东海王司马越这时又再次集结兵力反对司马颙，司马颙失败，为司马越所杀。公元 311 年，司马越掌权后，毒杀了晋惠帝，立司马炽为帝，是为晋怀帝。

"八王之乱"从公元 291 年到公元 306 年，共持续了十六年，百姓惨遭蹂躏，兵士死亡无数，洛阳、长安两都成为废墟。随后，五胡内迁，西晋离灭亡已经不远了。

七、荀灌娘单骑闯营救黎民

“八王之乱”时期，绵延不绝的战火给黄河流域及中原地区造成了灾难性的破坏，正是乱世出英雄，有的英雄人物影响了历史的整个走势，而有的英雄人物，则只是昙花一现，做了一些或一件奇事，便在历史的长河中留下了名字。

荀灌是三国时曹操的军师荀彧的后代，西晋宛城守将荀崧之女，当年闯营时，其只有十三岁，在晋书中关于她的记载也只有一句话，其后的事情就没有记录了。倒是在民间故事中对她的这次壮举多有夸耀。荀灌生于晋惠帝元康元年，她从小就不喜欢读书写字，以及女红一类的事情，性爱舞枪弄剑，比男孩子还要狂飙骠顽。荀崧爱女如掌上明珠，索性顺其天性发展，并聘请名师传授武艺。所以荀灌只十岁时，就已能骑马张弓，将一根小银枪挥舞得出神入化了。

“八王之乱”的动荡局势使得一些地方豪强势力乘机而起，他们依山结寨，占地为王，四处掳掠粮食、财物，使百姓生活更加痛苦不堪。晋怀帝永嘉六年，即公元312年正月，新野王司马歆手下的牙门将胡亢利用中原大乱时机，在竟陵聚众起事，自号楚公。司马歆门下的司马杜曾被胡亢任为竟陵太守。杜曾是新野人，他武艺精湛，膂力惊人，二三百斤的石磨，他只手托起，行走如飞，更能穿着盔甲在水中游泳，运转自如，打起仗来，他凌厉凶狠，总是冲在头阵，敌人望风披靡。因此，杜曾深得胡亢的赏识。

但胡亢是一个心胸狭窄的人，对部将多怀疑忌，部将对他只要稍有忤逆，就被他杀害。距永嘉六年起事只半年时间，他就杀害了数十名骁将。所以杜曾对胡亢早有警觉，暗中盘算着怎样杀掉胡亢，取而代之。为取得胡亢的信任，他丝毫不露声色，表面上更加毕恭毕敬，对胡亢竭尽阿谀奉承之能事，使胡亢对他放松了警惕，不但毫无疑忌，反而格外地信任。

恰巧就在这时，另一支割据势力王冲经常派兵骚扰竟陵。胡亢与杜曾商量对策。杜曾劝胡亢做好准备，一鼓作气击败王冲。胡亢听取了杜曾的意见，把帐中的刀戟等兵器，都交付给工匠去磨砺。而杜曾却在同时偷偷派人给王冲引路来攻打竟陵。胡亢不知是杜曾的阴谋，把精骑派去抵抗，竟陵城中就空虚了。杜曾于是抓住机会，带领所属冲进胡亢府第，将胡亢一刀杀了，从而统领了胡亢的军队。

杜曾夺权后不断扩张自己的势力。公元 315 年二月，他进兵包围了晋朝荆州都督平南将军荀崧所驻守的宛城。宛城本是一个大都，但经多年战争的破坏，墙垣倾圮，工事废弛，民居稀少，府库空竭。当时荀崧刚到任宛城一年，诸多政事还未理清，这时突然受到杜曾军的包围，而宛城兵力尚不足五千，杜曾则率有二万精锐，坚守都难，如何击退强敌呢？一时间，城内人心惶惶，无人不担心城破遭到贼军的洗劫。杜曾攻城十分猛烈，他总是身先士卒，凡怯懦退后者，便立即斩首。荀崧的兵力虽然不足，却早把个人的生死置之脑后，日夜督促将士坚守，哪里战事激烈，他就督守到哪里。在荀崧的感召下，宛城军民上下齐心，与超出己方四倍的敌军拼死作战，竟一次次地击退了杜曾的强攻。

可城中毕竟兵少粮寡，势难久持。为了解除宛城之围，荀崧决定寻求外援。当时襄阳太守石览，原是荀崧手下主簿。荀崧便写出求援信，召集帐下将官商议，把自己的计划向文武官员宣示以后，将官们虽然都十分赞同，但都觉得自己能力不够，没有一人敢担任突围求救的重任。荀崧见此情景感叹不已，再好的计划没有人敢于执行，又有什么办法呢?

荀崧正在一筹莫展，此时荀灌由屏风后转出，毛遂自荐地说："父亲，女儿愿往襄阳投书请援!"荀崧听后大惊："这么多文武将官都不敢担此重任，你个小女孩子，怎能够突出重围!"

荀灌朗声回答道："女儿虽幼，却习得一身武艺，而敌人也多与父亲一般想法，我正可出其不意，突围而出。况且以目前的局势看，与其坐以待毙，不如冒险一试。如能如愿，就可保全城池，拯救一方黎民了，而如果不幸为贼兵所擒，女儿不孝，顶多不过是先行一步而已，同是一死，正应死里求生啊!"

荀崧沉默良久，突然觉得这个女儿已经长大了，她所说的句句入理，分析透彻，考虑一番后终于同意了女儿的请求。荀崧选派了壮士十余人，组织了一支突击队，借夜色掩护，保护荀灌一拥而出，向襄阳城方向疾奔而去。马快如电，穿垒而出，使敌兵措手不及，眼睁睁地看着这一队人马在黑暗中消失。

三天后的午后，荀灌等人抵达襄阳，襄阳太守石览看到老上司的求救信，又听到荀灌娘的陈述，为这十三岁的女孩子甘冒矢石、无畏生死的精神所折服，当即发兵一万救援宛城。石览还修书一封于荆州太守周仿，请他协同出兵解救宛城。周仿收到信后也立即拨出几千兵力协助石览。杜曾见大队援军到来，自知已难以取胜，就连忙撤军了，于是宛城终于安然无恙。

就这样，一个刚刚十三岁的女孩子，拯救了上万人的生命。

点评

杨骏的死是“八王之乱”的开始。贾南风在杀死辅政大臣杨骏的同时，也为自己的将来挖掘了坟墓。荒淫凶残与政治上的野心，把这个女人推上了历史的巅峰。她善于玩弄权术，有着高超的政治手腕，但这个女人却不明白，要想守住自己手中的权力就一定要守住司马氏族的骨血，守住他们的江山，因为她的能量之源并不是来自贾家，贾家人吞食司马家族的速度太快了，并没能在王朝内树立起足以控制整个天下的威望。所以说，是人类的可悲的野心害了这个刁蛮淫荡的女人。而研究造成这场历时十六年浩劫的源头，还是晋武帝本人，如果不是他自欺欺人，将天下交给了白痴儿子的话，贾南风也不会得权。西晋的腐败从立国的那一天起就已经开始，士族门阀的腐败渗透到了这个新兴统治集团内部的每一个角落，竞相侈靡，党同伐异，赏罚不公，这样一个从根上就已经腐烂的王朝怎么可能将国家治理长久呢！

相关链接

三国两晋时期的兵器

三国两晋时期战乱频繁，武器的制造水平也随之发展。首先说刀剑，三国两晋时期，冶炼技术得到了长足发展，这使得冷兵器的质量有了很大的改进。如《诸葛亮集》中有诸葛亮令巧匠蒲元造刀三千口，“以竹筒密纳铁珠满中，举刀断之，应手虚落，若薙水刍，称绝当世，因曰神刀”的记载。曹操做的“百辟刀”则是以百炼精钢锻造而成，能“陆斩犀革，水断龙舟”，锋利无比。孙权也造有“千口剑、万口刀……皆是南钢越炭作之”。总之，这一时期，刀剑的最大特点就是比前代坚韧了。

在铠甲方面，数量质量均有提高。曹植《先帝赐臣铠表》就记载有“黑光铠、明光铠、两当铠、马铠”等。铠甲的防护部位也日益增大。三国初的马铠，就已经由面帘、鸡颈、当胸、马身甲、搭后、寄生、鞍蹬构成，除四足外，全身其余部分均在铠甲的防护之中。另一方面是铠甲的坚硬度增强了。南北朝时期，刘宋时官造“诸葛亮筒袖铠帽”，“二十五石弩射之不能入”。这一时期，铠甲多由官造，由冶、锁士专为朝廷造兵器甲杖，不过私家也可自造衣甲。

在远程攻击上，三国两晋时期，抛射兵器也获得显著的发展。《三国志·蜀志·诸葛亮传》记载，诸葛亮为了对付曹魏骑兵，“损益连弩，谓之元戎，以铁为矢，矢长八寸，一弩十矢俱发”。其“矢长八寸”是指箭头长度，“十矢俱发”指齐射而非连发，正因为是齐射，所以构成了密集火力，可对骑兵部队造成大量杀伤。蜀汉景耀四年制弩机开弓拉力为“十石”。“十石”是今天的五百三十四点六市斤，绝对不是一般人力所能拉开的。按汉代“六石”弩射程为二百六十米，那么“十石”弩就射得更远了。

《晋书·慕容超载记》中，刘裕伐南燕，“于是张纲为裕造冲车，覆以版屋，蒙之以皮，并设诸奇巧，城上火石弓矢无所施用；又为飞楼、悬梯、木幔之属，遥临城上”。结果晋军利用这些器械攻城，一战而克。

天逢机遇成正统，王马共治长江南。

第四章
晋室南迁建东晋

一、西晋的丧钟

魏晋间帝位的更替通过宫廷政变得以实现。晋武帝即位后，为防止这种事变重演，便极力培植皇族在地方上的势力，继承了两汉的封国制，大封同姓王，希望靠着自家的力量来维护朝廷对全国的统治。而晋武帝为维护司马氏江山的这一系列手段，终因缺乏对诸王限制的必要法度以及后来统治集团内部矛盾的发展，宗室诸侯王不但没有能够捍卫帝国的利益，反而将皇权势力分割，以致出现了“八王之乱”。

西晋经贾后专政和“八王之乱”的浩劫，社会经济受到严重破坏，人民大量伤亡，西晋的统治机能名存实亡，处于瘫痪状态。八王之间的混战，使得各地水利失修，吏治混乱。而战乱又往往伴随着天灾，这一时期，灾荒连年，中原与黄河地区各地人口便开始大量流亡，向南方迁移。《晋书·李特载记》中记载，这段时期关中人口有十余万流入汉川，河东、平阳、弘农、上党诸郡人民流入颍川、汝南、南阳、河南的有数万家。《晋书·杜弢传》中也记载了类似的情况，益州流民流入荆、湘的也有数万家。时人刘琨曾上书陈述说：“自涉州疆，目睹困乏，流民四散，十不存二，携老扶幼，不绝于路。”以上这些所叙述的就是当时的一大严重社会问题——“流民南迁”。

流民的大量南迁，在给南方带去北方的生产经验与先进文化的同时，也在面对着一个十分现实的“吃住”问题。当时的南方经济较北方落后，在北人南迁之初，没有足够的能力负担几十万人口的“吃住”，所以当地居民排挤流民，流民的生活处境十分尴尬。这样南渡的北人就与当地居民无法避免摩擦了。当时的巴蜀流民在荆、湘为当地百姓排挤，没有了活路，最终在李特的率领下，起而暴动。

当时西北地区发生了一场大饥荒，十几万老百姓吃不上饭，饿得连地上的草都拔下来吃光了。西晋王朝的行政机构已经瘫痪，当地官员面对灾患自顾不暇，对百姓则不管不问。十几万人实在没法子活了，只好离开

魏晋·武士复原图

家乡逃到四川一带讨生活。

在逃难的人中有一个氐族人名叫李特，他和自己的兄弟们也跟着流民一起逃荒。李特为人善良，一路上，自己本来就吃不饱，还把粮食分给其他人吃。有的人身体弱，一路上又饿又冷，病倒了，李特见到，更是把他们当成自己的兄弟一样照顾。流民们为李特的行为所感动，都说："要是没有李特的话，我们早就死啦!"日子久了，流民们都把李特当成了大哥，什么事情都愿意听他的。

可李特个人的力量毕竟有限，还是有很多人死在了路上。好不容易到了四川，大家想：该松口气了吧？没承想，治理四川的罗尚想割据一方，为了维护当地的秩序，他把城门紧闭，毫不在乎流民的死活，并且设法驱逐流民。

流民们被断了生路，听到罗尚要驱逐他们的消息，人人都发愁叫苦。这时李特对流民们说："大家先别愁，咱们回是回不去了，走也不能走，还是想想眼前的，先修个寨子，这么多人总得有个地方住啊!"

流民们听了都觉得有道理，就大家一齐动手，很快就把寨子建好了，约摸两万人有了自己的住处。没用当地官府一分钱，就解决了流民的吃住问题。李特建起了流民大营，罗尚感到恐惧，觉得威胁到了他的统治利益，就要调兵把流民都赶走，准备下令军队去抢劫流民的财物。

李特得到消息后，知道事到如今，已经没有别的办法，只有铤而走险了！于是，李特下令，让流民们准备好武器，严阵以待。流民们哪有什么像样的武器，无非是些简单的刀枪和一些棍棒。

过了几天，在一个漆黑的夜晚，罗尚带着三万人，偷偷摸摸地来到李特的寨子前，还没等他下令抢劫杀人，流民兄弟们就已经冲杀出来。流民们已经没有活路，虽然所使用的武器简单，但人人都奋勇当先，反正不打也是死，都豁出去了！而官兵本来就心虚，结果一交手就被击败，四处逃窜了，只有两个倒霉的军官没跑掉，被流民用棒子打死了。

流民们杀了官兵后，知道官兵肯定不会罢休，于是干脆反了！大家推举李特为大将军，领导他们。流民组成的军队在李特带领下，纪律严明，很快就攻下了两座城池。他占领城池以后开仓放粮，救济当地的贫苦百姓。李特的地位因此得到了确立。后来李特战死，他的儿子李雄在四川建立了成汉政权。李特领导的这次流民暴动发生在公元 301 年。李特的暴动，是流民暴动的开始，接着暴动就不断发生。主要的暴动，有王弥在青、徐等地的暴动，张昌在江、汉间的暴动，王如在豫、荆的暴动，杜弢在荆、湘的暴动。在暴动的流民队伍中，也有当地人民参加。在流民和各地人民起来反抗晋统治的同时，以匈奴人为主的内迁各族的反晋活动也在酝酿。

德清窑黑釉四系壶

游牧民族很早就已经开始内迁，在内迁的各民族中，以北方的匈奴人为最多。早在三国建安年间，曹操分匈奴为五部，立部中贵者为帅，选汉人为司马，对匈奴进行监督。曹魏末年，改匈奴帅为都尉。匈奴五部，左部都尉领有万余落，居太原故该氏县；右部都尉六千余落，居祁县；南部都尉三千余落，居蒲子县；北部都尉四千余落，居新兴县，中部都尉六千余落，居太陵县。西晋武帝时期，塞外匈奴地区发生水患，匈奴人为躲水灾，开始大量内迁，先有二万余落徙居于河西故宜阳城下。此后平阳、西河、太原、新兴、上党、乐平诸郡到处都可见匈奴人身影。除了匈奴人进行了大规模的内迁外，另外还有鲜卑、羯、氐和羌四个少数民族，历史上称这五个少数民族的内迁为“五胡内迁”。

魏晋·鎏金马复原图

内迁后的游牧民族多被汉化，他们与汉人杂居，往往受汉族官吏和地方权贵的欺辱。汉人地主常以匈奴人为田客，多者达数千人，将匈奴人作为奴婢买卖，更有甚者，则公开掠卖并州胡人。匈奴右贤王刘宣曾愤恨地说："自汉亡以来，魏晋代兴。我单于虽有虚号，无复尺土之业。自诸王侯，降同编户……晋为无道，奴隶御我。"匈奴人所受汉人压迫最深，所居汉地数量最大，因此在五胡中匈奴人最先起兵反晋。

陶女俑

公元 304 年，匈奴贵族刘渊起兵反晋，即汉王位于左国城，自称为汉王，表明他是接续汉朝的帝统，将与西晋一争天下。当时，王濬、司马腾讨成都王颖，颖以刘渊为北单于，参丞相军事，借匈奴人抵抗晋军，于是刘渊趁机起兵，只十日间，就得众五万人。他的军队在河北没有遇到有力的抵抗，很快就占领了并州一带地区。

刘渊起兵后不久，其他内迁的少数民族也都纷纷起兵。刘渊以外，在西晋末年另一支重要的起义少数民族武装由羯人石勒所率领。石勒是上党羯人，其父祖都是羯人部落中的小帅。惠帝末年，并州荒歉，并州刺史东瀛公司马腾掠取胡人，卖到山东做奴隶，以换取军粮。石勒当时二十余岁，也被卖到在平师欢家为奴。后来，被师欢放免为田客。刘渊起兵后，石勒是与牧人魏郡汲桑共同起兵的，最初的基本部卒是牧人，他们牧人数百骑投奔了赵魏的公师藩。不久，公师藩为濮阳太守苟晞所杀，石勒和汲桑就亡伏宛中。后来，石勒通过劫掠郡县系囚，招纳山泽亡命之徒等方法将自己的队伍逐渐壮大了起来。

可以看出，无论是刘渊的起兵，还是石勒的起事，其最初的性质都是被压迫者反抗统治阶级的一种阶级斗争；是被降为田客、奴隶的已经汉化了的内迁的游牧民族对晋统治者的反抗。但随着后来事态的发展，内迁民族的本民族意识开始觉醒，取得胜利的内迁民族开始对汉族人民采取一系列的报复手段，民族斗争的色彩也就浓厚起来了。

怀帝永嘉三年，即公元 309 年，刘渊派其子刘聪两次进攻洛阳。第二年，刘渊死，刘聪继位。此时的洛阳周围地区或遭破坏，或被刘聪、石勒所占领，洛阳城内饥困日甚。实际操纵西晋政权的东海王司马越，自知洛阳难守，就以出讨石勒为名，率领剩余军队和满朝文武公卿离开了洛阳，东屯于项。公元 311 年三月，司马越病死。石勒听说后，立即率骑兵对失去主帅的司马越军进行追杀，于苦县宁平城大败晋兵。《资治通鉴》中说，石勒对司马越军，“从骑围而射之”，最终司马越军“将士十余万人相践如山，无一人得免者”。同年五月，刘聪攻陷洛阳，晋王公百官及百姓被杀者多达三万余人。晋怀帝被掳到平阳为奴。

怀帝被掳后，西晋遗老遗少们又立愍帝于长安。此时经连年战乱，“长安城中，户不盈百，墙宇颓毁，蒿棘成林，朝廷无车马章服，唯桑版署号而已”。就是在这种情况下，晋人与刘聪军又经过了五年苦战，公元 316 年，刘聪遣刘曜攻长安，愍帝再也无力坚守，最后出降。晋怀、愍两帝受尽刘聪侮辱后，被其所杀。公元 317 年，晋愍帝被杀，宣告了西晋的灭亡。

二、“王与马，共天下”

公元317年，晋愍帝被害，西晋灭亡。公元317年，琅邪王司马睿于建康即皇帝位，是为东晋的开国皇帝晋元帝。司马睿是司马懿的曾孙，琅邪王司马觐的儿子，于公元276年出生于洛阳，其十五岁袭封为琅邪王。他所建立的东晋王朝偏安江左，借长江天险和江南富饶的人力物力，与中原的十六国对峙，后延续了十一帝，共持续了一〇四年。

司马睿像

晋愍帝被害后的次年二月，弘农太守宋哲从北方逃至建康。宋哲带给司马睿晋愍帝临降前的诏书。晋愍帝在诏书中同意了司马睿代他“统摄万机”，但对司马睿称帝，晋愍帝提出了一个条件，即要他带兵北伐，收复故都，为其报仇雪耻。晋愍帝还在诏书中措辞含蓄地表露了愍帝对司马睿坐视危亡不救的怨恚和谴责。

司马睿读到诏书后，承认自己是罪人，最先他哭着拒绝了下属要他上尊号的建议，不过，经过一番形式上的忸怩后，他终于接受了晋王的名号，按照魏晋丞相称王的惯例，“备百官，立宗庙社稷于建康”。公元 317 年三月丙辰日，司马睿坐上了皇帝宝座，东晋王朝正式建立。从此，偏居江南一隅的司马睿政权成为了晋王朝的代表。

在登基的典礼中，城府极深的司马睿突然给为他登上帝位立下汗马功劳的王导出了一道难题，要王导与自己一同坐在御床上。这一提议实在是古今罕见，这就表明，是皇帝在要求臣下与他同治天下。为什么会出现这一现象呢？实际上，这与贯穿晋王朝始终的门阀士族势力恶性膨胀，主弱臣强的现实情况有直接关系。

司马睿如果没有士人王导的扶助，是难以立足江东的。早在西晋晋怀帝永嘉元年，公元 307 年，司马睿被任命为安东将军，扬州都督，镇守建业。司马睿刚到江南时，作为来自北方的皇族，他并没有什么威信，全赖王导为他出谋划策。当时在江南，每到三月三日，人们都要到水边洗濯，除灾袪病，叫做“修禊”。那一天，王导让司马睿乘坐两人抬的肩舆，而自己却和堂兄王敦及其他朝臣骑着骏马陪伴，表面上是去看修禊，实际上招摇过市，故意让人看到司马睿的尊严。一时间建业城外，人山人海，江南名士纷至沓来。众人看到司马睿有王导、王敦这样的名流辅佐，可自己却显得谦和有礼，由此众多士人被司马睿的风度所感染。司马睿等回城后，王导向他进谏说：“顾荣和贺循为江南士人的领袖，如果能吸引他们入朝，其他的人也都会归顺。”司马睿听后派王导去请二人，顾荣和贺循二人，也看到了司马睿的风采，所以欣然而至。司马睿任命贺循为吴国内史，顾荣为军司，兼散骑常侍，有了这两人的带动，江南江北名士，如纪瞻、周顗、卞壶、刘超、张闿等，皆慕名而来，成为司马睿的幕宾。司马睿的力量迅速壮大起来。

王导画像

中原动乱，北方士人大批南下，王导劝司马睿广收人才，当时自南渡北人中得一〇六人，都辟为掾属，号称“百六掾”，得到了南北士人的共同拥戴，因此司马睿能在西晋灭亡后顺利称帝。东晋偏安江南，自司马睿称帝始，就出现了在政治上服从王导，在军事上依赖王敦的局面。司马睿称帝，王导以扬州刺史兼为骠骑将军，领中书监，录尚书事诸职居中执领朝政；王敦以江州刺史兼为大将军，都督江、扬、荆、湘、广、交六州诸军事等职，在外独擅军权。琅邪王氏一家操控着西晋王朝的实际权力。司马睿要王导上御床与他同坐的一幕正是在这种情况下出现的。当然，司马睿这一形式上的谦让与对王氏家族掌控大权的不满表现，最后还是让王导坚决辞谢了。可“王与马，共天下”的时谚却是对当时西晋政局的恰当概括。

东晋建立初期，孑身处于南北士族之间的司马睿如果没有琅邪王氏的扶植，则难以维持住自己的帝位。司马睿与王氏兄弟合作前期，两家存在共同利益，矛盾并不突出。在这一时期，王导、王敦同司马睿在政治上是一致多于分歧。而随着司马睿地位的巩固，以及建康政权统治范围的不断扩大，司马睿则越来越不甘于受王氏兄弟的摆布。他开始推崇“申韩”之说，身体力行，“以法御下，明于黜涉”，重用刁协、刘隗等人，力图排抑、削弱王氏的势力。他曾把一部《韩非子》送给太子司马绍，希望太子能体会到自己的心思。司马睿的这些主张与王导制定的“以清静为政”的国策自然是相冲突的。但司马睿毕竟没有在乱世中力挽狂澜的雄才大略，他在位五年，始终偏处江南一隅，永昌元年，即公元 322 年，他于忧愤中去世，终年四十七岁。

点 评

西晋在统一中华几十年后就迅速灭亡，固然让人感到惋惜，对匈奴等少数民族对西晋汉人的迫害仇杀，也固然感到忧愤，但任何事情都是有因有果。一棵参天巨树的倒塌多不是先被外力推倒，而是先从内部开始腐烂。西晋这棵巨树是一棵先天就没能栽好的树苗，其在被栽种到土里以前，根系就已经开始腐烂。在晋王朝中，世家士族门阀的势力永远都要强过王权，使得上下君臣关系颠倒。晋武帝在王濬攻破石头城后，因为考虑到王浑家族的势力，赏罚不能公正。到司马睿时，竟然出现了与王导共坐天下的地步。满朝文武竞相豪奢，晋武帝为了满足上万名后宫佳丽的需要竟然公开卖官鬻爵。被派到各地的宗室藩王本来是为了令其能维护其中央统治，结果司马家诸王个个利欲熏心，为争夺最高权力不惜同室相攻，终于迅速瓦解了这个先天不足的王朝的腐败统治。可悲之事，亦有可恨之处啊！

相关链接

洛阳玄风的四位代表人物

玄学是在汉末及三国时期由儒学转化而来。在这一时期的主要代表人物有马融、郭泰、何晏和王弼四人。

马融是东汉中后期的名儒。他在政治与生活上极其堕落，在学术上为《老子》作注，竭力捏合儒家和老庄。起初邓骘仰慕其名望，派人召其为舍人，马融不就，客居到凉州武都汉阳。结果马融在汉阳遇羌人暴动，边境扰乱，米谷价格飞涨。马融没钱买吃的，后悔未应邓骘之召。他对朋友说：“古人有言，左手据天下之图，右手刎其喉，愚夫不为。所以然者，生贵于天下也。今以曲俗飏尺之羞，灭无资之躯，殆非老庄所谓也。”于是应邓骘之召。后来这位大儒，为了保全生命，又为大将军外戚梁冀诬害名臣李固，并作大将军《西第颂》。行为如此龌龊之人，其学说也不过是掩盖其丑陋的外衣而已。

郭泰出生于东汉晚年。当时社会动荡，朝廷政治腐败，士大夫等知识阶层对现实不满，那些起来反对，要求改良政治的人，多被残酷迫害。郭泰生活在这样的时代下，他对政治前途失去了信心，思想低沉，唯有借老庄思想和玄学逃避现实。在《抱朴子·正郭篇》中，郭泰曾说："吾昼察人事，夜看乾象，大之所废，不可支也……虽在原陆，犹恐沧海流横，吾其鱼也……未若岩岫颐神。娱心彭老，优哉游哉，聊以卒岁。"

玄学的真正奠基人是何晏与王弼。《颜氏家训·勉学篇》中指出："何晏、王弼，祖述玄宗。"在《文心雕龙·论说篇》中说："迄至正始，务欲守之，何晏之徒，始盛玄论，于是冉、周当路，与尼父争涂矣。"何晏和王弼都是祖述老、庄，大煽玄风，以维护其政治利益。何晏著有《道德论》，王弼著有《老子注》、《周易注》、《周易略例》，还著有《老子指略》。何晏玄学的主要论点是："天地万物，皆以'无'为本。无也者，开物成务，无往不成者也。阴阳恃以化生，万物恃以成形，贤者恃以成德，不肖恃以免身。故'无'之为用，无爵而贵矣。"

王弼的主张大体与何晏相类，也是把"无"说成万物之本。他认为："夫物之所以生，功之所以成，必生乎无形，由乎无名。无名者，万物之宗也。"在他们眼里，宇宙万事万物都生于"无"，无生有，有生一切，这也是后来众多玄学家们的观点。玄学同儒学一样都承认自然的存在，自然有其自己的发展规律，即"道"。但在如何对待"道"上，儒学认为应以"教"为准，力求入世，也就是应该"修道"，应该"有为"，把自然朴素的道加以文饬整齐。玄学则主张顺乎自然，顺乎道，顺乎道。顺乎自然，也就是"无为"。

西晋四帝生平简述

一、晋武帝司马炎

司马炎为司马昭之长子。司马昭死，司马炎继为晋王，当年逼魏帝曹奂退位称帝，建立晋朝。他再次统一了中国，其施无为之政，与民休息，安民靖边，发展生产，促成一时之繁荣。可惜司马炎又耽于淫乐，纵欲无度，令淫靡之风遍布全国。司马炎在位二十五年，终年五十五岁。

司马炎称帝后派大将羊祜陈兵吴境，伺机灭吴。羊祜挥兵抢占肥沃土地，一面屯田，一面练兵，以“攻心为上”的策略，与吴军对峙。但由于种种原因，羊祜灭吴虽然准备得很充分，但直到他死，也没能实现这一愿望。羊祜临死，向司马炎推荐大将杜预，说杜预足以担当灭吴的大任。司马炎听从羊祜的建议，把攻吴的指挥权给了杜预。杜预挥兵袭击了东吴守将张政。张政知孙皓残酷多疑，故将战败之事隐瞒不报。杜预遂把一部分俘虏送回吴国。孙皓于是知张政之事，将张政贬职。杜预由此扫除了灭吴的军事阻碍。

公元 279 年，司马炎下令，出二十几万大军分六路灭吴。吴军在江中水下布铁锥、铁链阻挡晋军战船，被晋军一一破除，六路大军在杜预指挥下攻向石头城。不久王濬攻入建业，孙皓率领群臣投降，天下从此一统。

司马炎统治时期，在农业上，他推行“占田制”，以代替原来的“屯田制”。规定男子可占七十亩，女子可占三十亩。从而在一定程度上提高了农民生产的积极性，农业得以恢复发展。在政治上，司马炎以“无为”为，下诏书要求官吏们要廉政爱民，勤于为民办事，同时诏抚孤寡，重农抑商，并在政府内精简机构，汰裁冗员。司马炎的这些政策要是能始终实行，那么毫无疑问，将使天下大治。可惜司马炎只是做个样子而已，国家安定后不久，他就开始奢侈荒淫起来。先大修祖庙，同时将吴国宫女全部接收，后宫佳丽以至上万。每晚都坐着羊车在宫城中慢慢行走，羊停在哪里，就在哪里留宿。为了满足庞大的后宫消耗，他甚至公开卖官。

一天，司马炎问身边的一位大臣：“你看朕可以与哪一皇帝相比?”大臣毫不客气地回答说：“我看皇上连桓、灵那样的皇帝都不如。”司马炎大怒，问道：“桓、灵二帝怎能与朕相比呢?” 大臣回答：“桓、灵二帝卖官尚入国库，而陛下卖官只入私囊，因此还有所不及。”司马炎立国之初就已经使国家糜烂不堪，晋朝前途命运由此堪忧。公元290年，司马炎因纵欲无度而油尽灯枯，重病而死。

二、晋惠帝司马衷

晋惠帝司马衷为司马炎次子。晋武帝长子早亡，故武帝死，司马衷继位。晋惠帝在位十六年，谥号为惠，实为不惠。晋惠帝智力天生有缺陷，行为处事经常令人啼笑皆非。传说，晋武帝因喜欢司马衷之子，有意让这个孙子继位，司马衷父以子贵，侥幸继位。其实不然，晋武帝喜欢司马衷之子或确有其事，但司马衷继承皇位实为西晋内各势力集团斗争的产物。

司马衷继位后，政事一概交给权臣，整天由太监们陪着玩乐，平日里说话做事颠三倒四，弄出许多笑话。

司马衷继位后，只一年多，他的皇后贾南风弄权，“八王之乱”开始。当时以太后杨氏的父亲大将军杨骏为首的外戚集团想要趁机专权，而贾皇后也有类似的想法，这样就导致了贾皇后与皇太后杨氏两大外戚集团围绕皇权的争斗。公元291年，贾皇后伙同楚王司马玮、淮南王司马允，设计杀死了掌权的杨骏，随后又下令穷追杨氏的同党和亲族，先后杀了几千人，杨太后也未能幸免！除掉杨氏后，贾后又令楚王司马玮率军诛杀了汝南王司马亮。等诛杀了司马亮后，她又以皇帝的名义说司马玮擅杀大臣，杀死了司马玮，就这样，西晋朝权全部落在了贾后手中。

贾后掌权后，生活十分荒淫，令宫使在洛阳城里到处给她物色美男，把后宫弄得污秽不堪。此后，赵王司马伦以“清君侧”为名攻进洛阳，杀了贾后，废了司马衷，自立为帝。但赵王司马伦废帝一事做的实在草率。皇帝虽是白痴，可权力却是实在的。司马伦一称帝，立即引起了其他诸王的反对。公元301年三月，齐王司马冏、成都王司马颖、河间王司马颙等藩王纷纷起兵讨伐司马伦。司马伦战败，与四个儿子先后被杀，其党羽大都被夷族三代。惠帝就在这样的血雨腥风中得以复位。

随后，齐王司马冏当权后，大建府第，沉湎酒色，生活上奢侈腐化。长沙王司马乂见状，与河间王司马颙联合发难，发兵攻打司马冏府，擒杀司马冏。司马冏的同党也同司马伦的亲信一样被夷三族。而后，河间王司马颙又与成都王司马颖联合起兵，进攻长沙王司马乂。双方激战数月，兵民战死数万。最后因东海王司马越与左卫将军朱默的哗变，司马乂战败被俘，被司马乂的将领张方活活烧死。

司马乂死后，诸王纷争继续，东海王司马越、成都王司马颖与河间王司马颙三王之间依旧争战不休。最后，东海王司马越击败司马颙取得了暂时的胜利。公元 311 年，司马越毒杀了晋惠帝。

三、晋怀帝司马炽

司马炽为司马炎第二十五子，也是年龄最小的儿子，惠帝时授封豫章王。东海王司马越掌政，杀惠帝而立怀帝。晋怀帝继位时二十三岁，在位七年，后被后汉所俘，受尽凌辱后，被刘聪毒死。

晋怀帝是西晋八王政治斗争的产物，他从继位那天起，就卷入了政治纷争之中，又由于他只是东海王司马越的傀儡，所以在位五年，毫无作为。公元 304 年，刘渊在平阳称帝，派大将刘曜攻打洛阳。当时洛阳城经“八王之乱”后，其内粮草兵丁匮乏，其城多有残破。司马炽下诏号召各地发兵勤王，却不见一兵一卒。实际掌权的东海王司马越自知洛阳难守，就以出讨石勒为名，率剩余军队和满朝文武公卿逃离了洛阳，东屯于项。公元 311 年三月，司马越病死。司马越的军队被石勒于苦县歼灭。

司马越离开洛阳后，洛阳就到了兵尽粮绝的程度。官民纷纷逃亡。司马炽本想迁都，但百官不同意。于是他就想自己独自起程，可刚刚走到西掖门，就遭到匪兵抢夺，只好又回到了宫中。不久，洛阳被汉将刘曜、王弥、石勒所破。司马炽被俘，送至平阳给刘聪当仆人。每逢宴饮，刘聪便令司马炽为宾客布菜斟酒。晋国老臣庾珉等见国君受辱，号哭不止，被刘聪杀死。几天后，司马炽也被毒死。

四、晋愍帝司马邺

晋愍帝司马邺，晋武帝孙，吴王司马晏子。起初，被封为秦王，驻长安。怀帝被刘聪毒死后，西晋余老余少们拥立司马邺为帝。司马邺继位时不过十五岁，在位只五年，命运与司马炽类似，被刘聪俘虏后先是为奴，不久被害。

晋愍帝在西晋末世，年少登基，其时西晋已是日薄西山，奄奄一息。中华九州破碎，天下黎民飘零四散。洛阳被攻破前，汉大将刘曜先攻下了长安。刘曜杀了镇守长安的晋将司马模后，纵兵烧杀，将长安城几乎完全摧毁。洛阳被攻破后，晋人夺回了长安，晋将阎鼎带秦王司马邺进驻长安。司马炽被毒死后，众臣便拥立司马邺为帝。

司马邺称帝后，曾令趁乱割据江南的司马睿带兵来长安勤王。当时，司马睿一来不愿损失自己兵力，二来江南大权多出琅邪王氏，所以他以江南尚不安定为由，拒不前去相援。公元 316 年冬，刘曜再次率军包围了长安，城内的将士虽奋力守城，但因粮尽援绝，终不可支。最后，司马邺献城投降。公元 317 年，刘聪毒死了司马邺，西晋灭亡。

北望故国多憔悴，空歌征伐多遗恨。

第五章
北伐空梦

一、祖逖悲恨击水

西晋灭亡，北人南渡，东晋建立前后，收复故国的声音一直在晋人的爱国志士中回荡，一次次北伐，都因东晋政府内部的种种原因而失败。但在收复故国报仇雪耻的呼声中，却因时代而涌现出了一个个鲜活的形象。

最先开始北伐，并取得相当成就的是我国历史上杰出的爱国志士祖逖。祖逖，字士稚，范阳遒县人。其父祖武，任过上谷太守。父祖去世时，祖逖还小，他的生活皆由几个兄长照料。祖逖生性活泼、开朗，好动不喜静，都十四五岁了，也读不进书去。但祖逖为人讲义气，好打抱不平，有时还常常以兄长的名义，把家里的谷米、布匹捐给当时受灾的贫苦百姓，尽管他的兄长们并不是很愿意。

在十八九岁的时候，祖逖突然一反常态，开始发愤读书，只四五年，就能将所读融会贯通，博览古今。从此，人们也开始对他刮目相看。祖逖二十四岁时，任司州主簿。这时他结识了汉朝宗室中山靖王刘胜的后代刘琨。两人的官职都不大，年龄又相仿，因为意气相投，就成了好朋友。他们经常一起谈论时事，希望将来能够建功立业，报效国家。他们时常谈至半夜，最后索性同床抵足而卧。后来两人相约，每到鸡叫时，天还没亮，就一起起床在院子里练习武艺，以为将来做准备，这也就是后来“闻鸡起舞”的典故。

不久，“八王之乱”爆发。公元311年，汉国大将王弥、刘曜攻陷洛阳，晋怀帝被俘，晋太子铨及官吏、百姓三万多人被杀，并纵兵抢掠，焚烧宫室、庙宇，挖掘陵墓，洛阳之地成为废墟。而此时的祖逖正带领亲族、邻里，总共几百家人，向南方逃避。一路上，祖逖将自家的粮食、衣服、药物都拿出作为公用，并让老人和病人坐到自家的马上，自己则步行前进。路途中遇到散兵游勇或土匪的骚扰，他就带人去将他们打退。时间一久，他就自然地成了这支逃难队伍的“总指挥”。最后一行人几经辗转，才到达了淮泗。

司马睿在建康称帝后，闻知祖逖已流亡到泗口，便任命他为徐州刺史，不久，又任命他为军谘祭酒，调驻京口。晋元帝司马睿的政权之所以能够建立，全得力于王导家族的支持。琅邪王家的势力在江南，所以并不支持司马睿北伐，司马睿也没有能力控制整个朝廷，为了稳固住自己的地位，面对北方中原地区大部已被汉国占领的情况，他只能采取偏安一隅的策略。这可以说是东晋朝廷内部的悲哀。而就在此时，一心想收复失地，已是知命之年的祖逖向晋元帝进谏，要求收复中原。他说：“中原大乱，两京颠覆，都是因为藩王争权夺利，自相残杀，遂使戎狄有机可乘。现在中原百姓遭受异族掳掠，心怀激愤。大王如果能委派战将北上，一定能得到中原百姓的响应，那时不仅失土可复，国耻可雪，大晋朝也能转危为安。请大王考虑。”

当年司马睿登上帝位时，曾有一个收复故土，报仇雪耻的附加条件。所以司马睿表面上接受了祖逖的建议，任命他为奋威将军，豫州刺史，并象征性地支给他一千人的粮食和三千 匹布，但却不发给他铠甲，并要他自己去招募兵士。但对祖逖来说，有了司马睿的任命就足够了，这样他就可以师出有名了。他只带了跟随他逃难而来的一百来户人家，租了几只大船，就渡长江北上。船行至中流，祖逖站在船头，眼望滔滔江水，不禁感慨万千。一晃五十年风雨过去，中原地区先是藩王混战，后是游牧民族起义，一片大好河山变得残破不堪。现在虽然司马睿同意了他的北伐，但豫州刺史是一纸空文，三千兵士也是空头的承诺，他所真正拥有的就是眼前这三四十个青壮，一百来老少而已。一腔热血，志不可灭啊。想到这里，祖逖拔出佩剑，敲着船桨，发誓说道："我祖逖如不能廓清中原，今生决不返渡！"言辞壮烈，同行者都深受感动。

渡江后，祖逖先带人驻留在淮阴。他在这里铸造兵器铠甲，招募兵士。很快就招募到两千人。祖逖不仅善于谋略、行兵打仗，还严于律己。他赏罚分明，任何人只要有功，立即奖赏，绝不等到明天。他在驻防地区，不仅督促、帮助百姓恢复农业生产，还督促自己的子弟参加生产劳动，而且还自己打柴烧。面对久经战乱、在中原大地上无主的尸骨，祖逖还派人收葬，进行祭奠。祖逖的这些行为，深深地赢得了中原百姓的爱戴。有一位年过花甲的老人曾流着眼泪对祖逖说："我本来以为再也见不到国家安宁了，现在看到祖将军，知道有希望了。"这也就是祖逖为什么只凭借两千人的队伍，就能北进成功的原因。

祖逖首先占领了谯城。此时，原本依附汉刘曜的石勒已经在公元 319 年自立为赵王，在襄国建国。祖逖连续攻破了石勒军支持的堡、坞等割据势力，并击败了石勒的援军，派部将韩潜进驻封丘，自己则进驻雍丘。这样，黄河以南的广大地区得到了收复。而就在祖逖积谷练兵，准备进军河北的时候，东晋朝廷内部又出现了变化。晋元帝司马睿与王敦的矛盾开始激化。司马睿为保住自己的地位，开始设法阻挠北伐。他任命力主偏安的戴若思为豫州都督。这样，祖逖的下一步战略计划就受到了牵制。祖逖也听说了大将军王敦与镇北将军刘隗矛盾的加深，他深知此时如果内乱，北伐的全部成果都将成为泡影。为此祖逖忧心如焚，终于积劳成疾。公元 321 年九月，祖逖病逝，享年五十六岁。第二年，晋元帝司马睿也驾崩，同年，大将军王敦就发动了叛乱。

二、庾亮与庾翼兄弟

继祖逖之后，庾亮、庾翼兄弟也曾有志北伐。庾亮是颍川庾氏子弟。颍川庾氏为高门大族，门第显赫。庾亮字元规，其容貌俊美，仪表不凡，喜读《老子》、《庄子》，且擅长清谈，讲究礼节，有名士风范，被时人比作三国时代的夏侯玄、陈群一流的人物。“八王之乱”时，东海王司马越曾召他当佐史，被他婉言谢绝。永嘉初年，庾亮父庾琛出仕会稽太守，他也就随行到了江南，当时他深居简出，虽有人仰慕他的名声，却不敢冒昧造访，因此难得一见。

琅邪王司马睿渡江南下后，驻于建康。他在王导的辅佐下，开始网罗南北士族担任幕僚。庾亮也在这一时期，应司马睿之召，入镇东大将军府担任西曹掾。司马睿对这个举止娴雅、谈吐不俗的青年人十分喜欢和器重，就主动提出与庾氏联姻，将庾亮的妹妹庾文君聘定给了自己的长子司马绍。司马睿称帝，立司马绍为太子，庾亮官拜中书郎、领著作郎，与太子中庶子温峤在东宫陪侍司马绍读书，自此三人结为好友。后庾亮累迁为事中、黄门侍郎、散骑常侍。庾亮的命运开始与东晋王朝紧密联系到了一起。

晋明帝死后，身为护军将军的庾亮与太宰司马羕、司徒王导、尚书令卞壶、车骑将军郗鉴、领军将军陆晔和丹杨尹温峤被委任为辅政大臣，一同辅佐年方五岁的成帝司马衍。成帝继位后，皇太后庾氏临朝称制而委政于庾亮，大权实际落到了庾亮手中。庾亮执政，一反王导执政时对世家大族实行的优容政策，提倡法治，主张加强中央集权，削弱地方势力，因此，遭到世家大族的反对。公元328年，苏峻造反。由于庾亮的刚愎自用与错误的指挥，导致建康被攻破，皇太后庾氏上吊自杀。

苏峻叛乱平定后，庾亮自贬到边疆坐镇。他以荆州为基地，练兵习武，积极筹备征伐后赵。石勒死后，咸康五年，庾亮上疏请求率兵北伐。他对所辖地区军事部署做了一番调整，表请桓宣任都督沔北前锋诸军事、平北将军、司州刺史，镇守襄阳；又以其弟庾怿任监梁、雍二州诸军事、梁州刺史，镇守魏

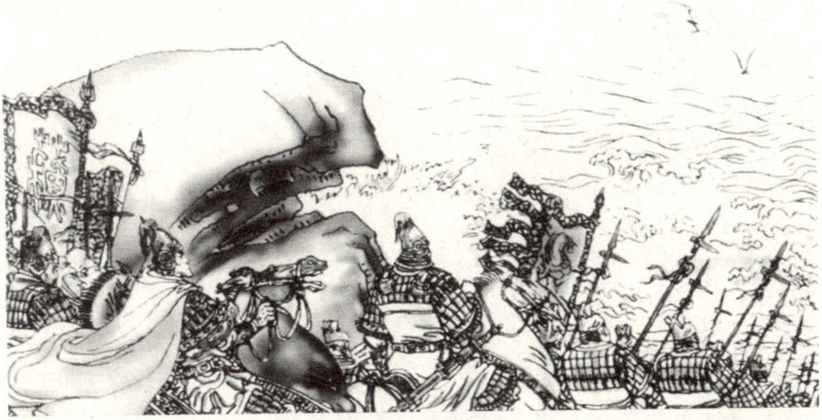

苏峻之乱·举兵建康

兴；弟庾翼任南蛮校尉，领南郡太守，镇守江陵；毛宝任监扬州之江西诸军事、豫州刺史，与西阳太守樊峻统领精兵万人戍守邾城。此外，庾亮还派遣偏师进攻蜀中的成汉政权，俘获成汉荆州刺史李闳、巴郡太守黄植。经过了一系列的准备工作之后，庾亮决定亲自领十万大军北上，移镇石城，作为其他诸军的后援。

但朝臣对北伐的态度十分冷淡，认为“弃江远进，以我所短，击彼所长，非妙胜之算”，不予支持。咸康五年七月，王导病死，成帝征庾亮入辅，担任丞相、扬州刺史、录尚书事。起初庾亮不肯就职，他打算移镇襄阳，进行北伐。而就在此时，毛宝镇守的邾城突然失陷。当时，赵以重兵围攻邾城，守将毛宝派人告急，庾亮麻痹轻敌，自以为邾城坚牢，不可攻破，没有及时派兵增援，结果导致邾

后赵·鎏金铜佛像

城倾覆，毛宝和突围而出的六千将士都淹死在江中。这件事给庾亮极大的打击。庾亮自求贬官三等，降为平西将军，虽然诏命恢复原职，但自此以后，庾亮郁郁不乐，渐而成疾，次年二月病死，时年五十二岁，北伐之事终没能实现。

三、桓温三伐

在东晋的历史上，影响最大的三次北伐是由桓温所指挥的。桓温，字元子，东晋谯国龙亢人。他身材魁梧，目光炯炯有神，络腮胡像刺猬毛一样刚硬，其气质有当年孙权、司马懿之风。他是个极有军事才能，但性格极端的人。他有一句家喻户晓的话，足以体现他的人格，“如果不能流芳百世，也应当遗臭万年”。这句话充分地总结了他一生的功过。

桓温十六岁时，其父亲桓彝于苏峻之乱中被苏峻所杀，其中泾县县令江播曾参与谋划。年龄尚幼的桓温得知这一消息，枕戈泣血，发誓要为父亲报仇。两年后，泾县县令江播病死，其子江彪等兄弟三人为父守丧，怕桓温前来寻仇，都预先将兵器放在身边。刚刚十八岁的桓温诡称吊孝而入，也将匕首揣于怀中，进入丧庐后先手刃江彪，后又追杀其另外二子于道，终报父仇。从这里就已经可以体现出这位将才的性格特点了。

桓温二十岁时，娶晋明帝女南康长公主为妻，成了晋明帝的驸马都尉，被授予男爵，任琅邪太守，不久升任徐州刺史，自此在仕途上春风得意。晋明帝死后，晋穆帝司马聃继位。公元 347

桓温北伐图

年，时任安西将军的桓温率师征讨盘踞在蜀地的成汉政权。此时的成汉政权虽然刚建立四十年，但在位的李势早失去了李特的仁慈之心，他是个昏庸残暴的君主。桓温认为时机已经成熟，就决定率军入蜀灭汉。此时桓温兵力少，当行军到彭模时，他本想分兵两路。将领袁乔建议说："兵力本来就少，如果再分兵两路，则势必分散。不如集中兵力，只备三天干粮，轻装进军，断绝后路，这样或有成功之望。"桓温听后，采纳了袁乔的意见，把辎重都留在彭模，亲自带领步兵直趋成都。

在笮桥，桓温军与李势军对阵。战斗之初，桓温的形势十分不利，参军龚护战死，桓温的战马也中了一箭，将士都有了退却的心理，桓温本也有退缩的意思。可能冥冥中自有安排吧，在这关键时刻，击鼓的兵士会错了桓温的意思，大擂起进军鼓来，而袁乔等将领又拼死奋战。晋军自知无法退却，一时间士气大振，竟然将李势军一举击溃。李势只得逃到葭萌城，不久派人请降，割据四十七年的成汉王朝灭亡。桓温则因功进位为征西大将军，封临贺郡公。

庾亮死后，桓温继任荆州刺史，在这期间他萌生了收复中原的志向。桓温进行了一系列的准备工作，公元354年，桓温率兵四万，从江陵水陆并发，骑兵从江陵出发，进击关中由氐族人苻洪建立的前秦国，开始了他的第一次北伐。晋军的行动速度很快，大军行进到蓝田时与前秦军队激战，击败了苻健子苻生，随后迅速抵达灞上。关中百姓听闻，无不欢欣鼓舞，都“持牛酒迎温于路”。年龄大的人更是哭着说：“不图今日复见官军！”桓温进入关中时，正值麦收时节，于是他就打算就地

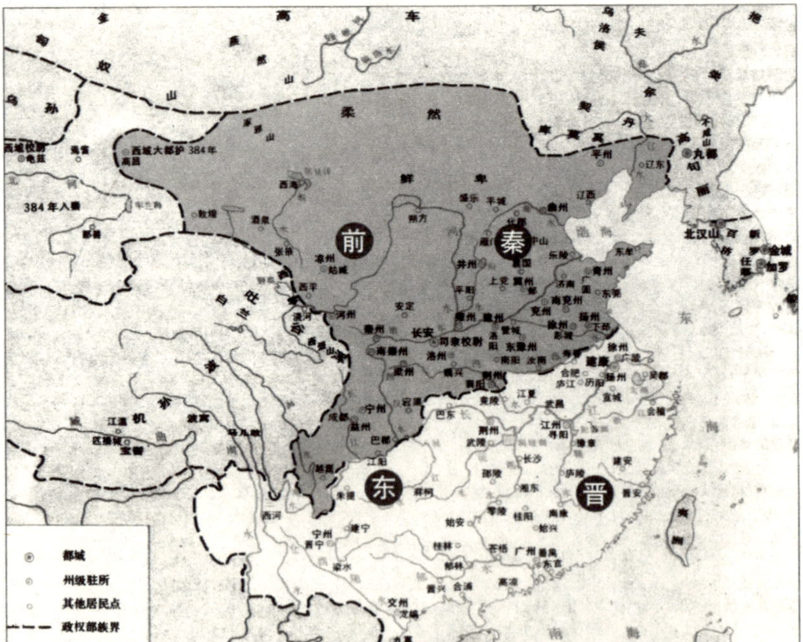

东晋、前秦对峙图

收麦，以解决军粮问题，于是屯兵不前。这样一来就给了前秦反击的机会。秦军知晋军收粮，就猜到桓温军中粮草不足。于是秦军采取坚壁清野的方式，使晋军乏粮。桓温军中乏粮，不得已只好退兵。秦军随后趁势追击，晋军大败，伤亡甚众。第一次北伐就这样失败了。

两年后，即公元356年，桓温开始了他的第二次北伐。东晋偏隅江东已久，如桓温这样愿意北伐的实权人物已经不多。这一次桓温吸取了上次北伐失败的教训，他再一次从江陵出发，北伐姚襄。此时姚襄正在围攻洛阳。桓温与其弟桓冲在伊水与姚襄军大战，姚襄大败，桓温于是进入洛阳。入洛阳后，桓温拜扫了先帝陵墓，请求还都洛阳，但这一建议遭到了执政大族的反对，结果未能如愿。桓温只得还军建康，不久洛阳又被前燕攻占。

公元369年，桓温开始了他的第三次北伐，也是东晋最后一次北伐行动。公元369年，桓温率步骑兵五万，从姑熟出发，征讨由鲜卑贵族慕容皝建立的前燕国。在枋头，桓温军遇到燕将慕容垂的顽强抵抗。桓温大军的军粮完全依赖水运，然而燕军占据了石门渡口，水路不通，军粮告竭。不久前秦派苟池、邓羌率两万大军救援。桓温无奈，于是焚烧舟船，抛弃辎重、兵器、甲杖，仓皇退兵。在退兵途中，又遭慕容垂埋伏，乃致伤亡过半，狼狈退回到山阳时，五万大军只剩下六七千人了。在这次战败中，又一次体现了桓温的极端性格，他深以这次惨败为耻，然而他却不检讨，反将失败原因嫁祸于手下将领袁真，怪他没有打通石门水运。袁真不服，于是投降了前秦。而由于此时的桓温位高权重，晋穆帝不但不敢追究其失败的责任，反而派人带着牛酒到山阳去慰劳桓温。此后，东晋王朝内虽仍有人倡议北伐，但并无实际行动了。

东晋的多次北伐，其目标是收复中原，恢复晋室统一天下，但结果都以失败告终。这是因为历次北伐中，统帅的意愿不尽相同。除如祖逖一样的爱国志士外，也有执政者利用北伐相互制约，以及大族人物欲借助北伐立威专权的。这样就致北伐志士的力量不能集中，在内争中被分散耗损。前燕谋臣申胤在评论桓温北伐的结局时曾说："以温今日声势，似能有为，然在吾观之，必无成功。何则？……晋之朝臣未必皆与之同心。故温之得志，众所不愿也，必将乖阻以败其事。"

就这样，随着岁月的流逝，北方南迁的大族在江南立足已久，他们再也不愿"舍安乐之国，适习乱之乡"，收复中原，重返故里的北伐再也无法实现了。

点　评

古往今来，一个政权的未来走向往往取决于其建国时所倚重的阶级基础。东晋立国的阶级基础是江南地区以琅邪王家为基础的门阀士族，这就使东晋王朝后来在各项举措上都被各大门阀士族所牵制。如果单纯从经济力量与军事实力上看的话，北方少数民族政权没有国家体制基础，割据政权都缺乏稳固的体制作为依托。那些风云一时的北方政权常常是被一战而灭，所以东晋王朝无法统一中国的主要原因还在于其内部各大门阀势力相互间的牵制，君王只是各大门阀手中的傀儡而已。东晋帝王多不长寿，往往二十几岁就去世，这与他们糜烂的生活有很大的关系。政权的频繁更替，使得不同姓氏的门阀士族轮流执政，为了维护不同家族的利益，政策不断变换。而且更有强族拥兵于外藩，这些手握重兵的将领一旦发现自己的利益可能不保时，就会以“清君侧”为名，挥师作乱。总之，东晋政权是一个本末倒置的政权，帝王不能将权力集中在手中，反而要唯权臣马首是瞻。总结一下，这样一个无能的政权能够存在一百多年，其原因是，在外在形式上，天下动乱，东晋政权缺少强大的外敌；而在内部，则各大门阀士族相互摩擦。力量相互抵消，使得各大强族势力不得不围绕着王权而进行争斗。可真正的强人如果出现，这样的政权也就必然土崩瓦解。

相关链接

石勒对后赵的统治

公元319年，石勒接受了石虎、张敬、张宾、支屈六、程遐等文武一百二十九人联名上书，称王建赵国。因为刘曜此前已经改国号为赵，史称前赵，故石勒所建的被称为后赵。

石勒称赵王后，进行了一系列的政权建设，主要有：建立社稷、宗庙、营建东西官署；派使者巡行州郡，劝课农桑；设官分职，各司其职；均百姓田租之半，孝悌力田及死义之孤赐帛有差，孤老鳏寡者赐谷每人三石。总之，石勒在尽力吸收先进文化，构建起完善的国家体制。石勒称帝的第二年，即营建邺宫，拟迁都于此，还以洛阳为南都。由此可见，石勒并不甘于做一个偏安政权的君王。

后赵王国立于乱世，在建国初始，在重点进行政权建设同时，军事行动也是十分频繁的。石勒依然不断地对外用兵，以期统一北方。石勒称赵王的第二年，豫州刺史祖逖渡江北伐。祖逖善于抚纳，与士卒同甘苦，劝课农桑，招徕新附，有的坞堡曾经归降石勒，有任子在赵的，祖逖允许其两属，用以窥探石勒军情，因而多所克获，“黄河以南，尽为晋土”。但石勒也看出，祖逖受制于东晋，最终难以取胜。所以石勒改变方式，以祖逖本为北方士族为名，下令修好祖氏在幽州的祖墓，置守冢者两家，并写信与祖逖，要求互通使者，进行互市。祖逖的牙门将有叛归石勒者，石勒斩其首后送还祖逖，并言明：“叛臣逃吏，你我之所同恶。”石勒的这些策略，颇有成效。祖逖于是也不接纳后赵叛将，禁止了边界上的抄掠，使得东晋与后赵的“边境之间，稍得休息”。但不久祖逖病死，石勒便立即攻取了河南的大片土地。

公元 321 年，石勒命石虎、孔苌等攻打鲜卑，消灭了段氏鲜卑的势力。322 年，又命石虎率众四万，攻晋泰山太守徐龛，将其俘至襄国后斩杀。东晋兖州刺史郗鉴无奈，只得退至合肥。至此，徐、兖二州，多归于石勒。323 年，石虎率领步骑四万，进讨曹嶷于广固，嶷部下东莱太守刘巴、长广太守吕披相继投降，曹嶷也只得投降，被石勒杀死于襄国。石虎要坑杀曹嶷降卒三万人，新任命的青州刺史刘徵知道后说："你任命我来当青州刺史，是要治理百姓，既然要把人杀光，还要我这个刺史做什么？还是让我跟你回去吧！"这样，石虎才留下男女七百口与刘徵。而青州郡县也尽归于石勒。

石勒在北方的主要对手是前赵刘曜。325 年，石生据守洛阳，前赵中山王刘岳来攻，石虎率军出救，大败刘岳于洛西。刘曜自长安出援刘岳，军队在夜中一再惊溃，没有办法，最后只好退还。

公元 328 年，石虎又进攻前赵的蒲坂，赵主刘曜亲自来救，大败石虎于高候，进围石生于洛阳。后赵荥阳太守尹矩、野王太守张进等，皆降刘曜，后赵朝野为之震动。于是，石勒决定亲征。程遐等臣子劝石勒"不可亲动，动无万全"。石勒闻言大怒，斥出程遐，而诏徐光计议。徐光力主石勒出征，认为"定天下之计，在今一举"。石勒又向自己所崇信的和尚佛图澄征求意见，佛图澄也认为"大军若出，必擒刘曜"。于是石勒率领四万人马亲征，进援洛阳。途中石勒曾对徐光说："刘曜如陈重兵于成皋关，此上策；如阻洛水为阵，此为中策；如坐守洛阳，则必为我所擒。"结果后赵军到达成皋，各路军队集合，共有步兵六万，骑兵二万七千，而成皋却不见刘曜一兵一卒。于是石勒大喜，径趋洛阳，与刘曜军大战于洛阳的西阳门。刘曜战前喝得酩酊大醉，结果大败落马，被石勒所俘处死。次年，石虎攻入关中，俘虏了刘曜的太子刘熙，前赵灭亡。

石勒崛起于穷困，而后在乱世中能够统一中国北方大部，在文治上也颇有建树，且有统一中国之志，可以说在当时是一位杰出的帝王。但石勒没有处理好他的身后事宜，他死以后，后赵政权落入石虎手中。公元333年六月，石勒病卧，诏中山王石虎、太子石弘、中常侍严震等侍疾宫中。而石虎伪造诏命，隔绝群臣亲戚，不许进宫探望。七月，勒病死，石弘继立。石虎迫使石弘杀了程遐、徐光，石虎子石邃带兵入宫宿卫，将宫中原卫士尽皆撤换。次年，石虎夺取了帝位。

名士风流多不实，空谈玄妙弄黄老。

第六章
东晋名流

一、周顗之死

晋人崇尚名士，这一风气始于东汉末年。所谓名士，就是指有独特操守的人，他们或刚正不阿、嫉恶如仇，或清高孤傲、超凡脱俗。他们以某一独特的行为方式，领一时之风骚，成为士人们的领袖。下面我们来讲一下名士周顗的事迹，以窥晋人名士的“风度”。

周顗，字伯仁，汝南安成人，为安东将军周浚之子。周顗年轻时就已神采奕奕，位入名士之列。广陵戴若思为东南名士，素闻周顗之名。一次戴若思到了洛阳，就去拜会周顗，本想与周顗一比高低，但最终还是坐了良久，自知才能不及周顗，告辞离去了。周顗年满二十弱冠后，承袭父爵为武城侯，被拜秘书郎，后累迁为尚书吏部郎。后来洛阳沦陷，周顗就也南遁到了江东。

司马睿初镇江左，请周顗为军谘祭酒，拜为宁远将军、荆州刺史、领护南蛮校尉、假节。周顗的运气很不好，刚到荆州上任，就碰到建平流民傅密等人造反，投靠成汉大将杜弢的事情。周顗当时还没能完全控制住荆州，结果狼狈失据。多亏了东晋平民将军陶侃遣大将吴寄率兵救助，才从荆州逃了出来，跑到王敦处躲了起来。后来周顗被召回建康，此后一直留在了建康。

当时东晋士人酗酒成风。周顗爱喝酒，能喝酒。在洛阳时，他一次能饮酒一石。到了江南，虽然差不多每天都喝醉，可总是约不到对手。一天，他在洛阳时的一个酒友也逃到了江南。周顗见到老酒友，就高兴地拿出两石酒来饮，结果两人都酩酊大醉。等周顗醒来，叫人去看那朋友时，那朋友早已经醉死了。周顗担任尚书左仆射，仍兼吏部尚书时，仍天天喝酒，略无醒日，被时人称为"三日仆射"，更因此多次被罢职。

王敦举兵叛逆后，周顗受命率六军抵抗，但前锋大都督王导消极抵制，晋军互不配合，导致全线崩溃。由此王敦攻占了石头城。晋元帝派王导、周顗率百官去同王敦讲和，要王敦退兵。王敦见到周顗，就对周顗说："伯仁，你可对不起我哩！"周顗回

妇女汲水图(壁画)

答说："公兴兵反叛，下官受命亲率六军抗击，不幸失败，没有尽到职责，这确实是对不起你呀！"王敦与周顗共事于东宫，辅佐过太子。当时就因周顗说话直率，不给人面子，令王敦对他十分畏惧。每当见到他，便觉得脸上发热，就是在冬天，也要不住地拿扇子煽风，以掩盖尴尬。如今，王敦已手握生杀大权，却仍被周顗挖苦得一句话也说不出来，这也是周顗的一种性格吧。

王敦入京后，护军长史郝嘏劝周顗先避一避。周顗回答说："我身为朝廷大臣，朝廷倾覆，我岂能贪生怕死，去叛国投敌？"不久，王敦就派兵士，将周顗与骠骑将军戴若思同时逮捕。周顗在被押往刑场的路上，正经过太庙，他就对着太庙，大声喊道："天地先帝之灵；贼臣王敦倾覆社稷，枉杀忠臣，凌虐天下，神祇有灵，当速杀敦，无令纵毒，以倾王室。"话没说完，兵士已用戟刺伤他的面颊，鲜血直流至脚跟。戴若思见了吓得面无人色，周顗却神色不变，两旁路人都流下了眼泪。最后周顗、戴若思在石头城南门外同时被杀。周顗那年刚五十四岁。

周顗之死，与王导不无关系。王敦起兵造反时，王导带领王氏家族子侄百人，每天到宫门前请罪。周顗上朝经过宫门，王导就哀求着对周顗说："伯仁！我家上百口人的性命就都托付给你了。"周顗则理也不理，大步走进皇宫与元帝议事。而当元帝谈起王导时，周顗竭力向元帝表明王导的忠心。而周顗与元帝议事时，元帝知道周顗喜欢喝酒，也就请他喝。周顗直喝得醉醺醺的才走出宫门。这时王导同家人仍在门前跪守。王导见到周顗，又连忙喊叫"伯仁"。而周顗则依旧不理王导，却与左右人说："今年杀诸贼奴，取金印如斗大系肘。"随后就走了。等周顗回到家里，则又详细写了奏折与元帝，为王导辩护，词义十分恳切。

可谁能料到，周顗最后就死在了他的名士脾气上。

王导不知底细，由此憎恨周顗。等王敦攻入建康后，为巩固王氏在朝廷的统治地位，王敦曾问王导：“周顗、戴若思南北之望，当登三司，无所疑也。”王导没回答。王敦又问：“若不三思，便应令仆邪？”王导又不做声。王敦最后说：“若不尔，正当诛尔。”王导仍然不吱声。于是王敦派人将周顗、戴若思杀害。后来王导重掌机要，在清理中书省文件时，发现了周顗为他申辩的表章，看后不由涕泪交流，悔恨地说：“吾虽不杀伯仁，伯仁由我而死。幽冥之中，负此良友！”

二、殷浩的空谈

两晋有名士之风，也有空谈之风。空谈之风来自于对玄学的探讨。所谓玄学，就是老庄哲学，是对人生哲理的一种探讨。这种对玄学的探讨造成了一种脱离实际的空谈风尚。而就玄学本身，则拓展了人们的精神需求，深化了人的思想境界。因此从中国的思想史上说，魏晋时期是人的意识觉醒的时代。

空谈之风的代表人物就是殷浩。殷浩，字深源，陈郡长平人。父亲殷羡，当过豫章太守。殷浩年轻时就有美名，爱读《老子》、《庄子》，擅长谈玄，为一时之名士。在镇守荆州时，殷浩因战败被桓温所参，贬为庶人，流放到了东阳信安。这实际上是东晋王朝内部的一场权力角逐，殷浩不过是东晋皇室的牺牲品而已。被贬以后，殷浩表面上依旧是谈笑风生，其实心中无限愤恨，他晚年时常在空中空书"咄咄怪事"四字，就表明了他的这种心态。

最初晋成帝时，庾亮请殷浩担任记室参军，后升任司徒左长史，庾亮死，其弟安西将军庾翼聘请他当司马，殷浩则以病为由，回乡隐居。殷浩在祖宗墓园旁的茅屋里一隐就是近十年之久。晋康帝建元初，会稽王司马昱征聘殷浩为建武将军、扬州刺史，殷浩仍然拒聘。司马昱写信跟他讲道理，殷浩复信申述己意，两人往返书信，经四月之久，殷浩才接受聘任。司马昱之所以如此费心尽力延请殷浩出山，就是因为当时桓温声势煊赫，压倒朝廷，而殷浩名声最大，因此想用殷浩来对抗桓温。从此，殷浩不得不出来做官，而且也身不由己，站在了和桓温对抗的位置上。

晋穆帝永和五年，石虎去世，后赵大乱，东晋想趁机北伐，收复中原，便任命殷浩为中军将军，假节，都督扬、豫、徐、兖、青五州军事。殷浩也就以恢复中原为己任接受任命，申请北伐。永和九年十月，殷浩以七万大军北征许昌、洛阳。行军到寿阳，殷浩派羌族贵族姚襄做前锋。姚襄的父亲姚弋仲是羌族首

石虎行暴

领，曾是后赵石虎的部将。姚弋仲死时要姚襄归顺晋朝，姚襄降晋后，晋封姚襄为平北将军。姚襄文武双全，殷浩起初担心他有二心，曾多次派人去刺杀姚襄，结果刺客反将实情告诉了姚襄。殷浩又令将军魏憬率五千 人偷袭姚襄兵营，姚襄将魏憬杀了，将五千兵士收编。于是殷浩将姚襄从谯城调到了蠡台。北伐开始后，殷浩竟命姚襄做前锋，去攻前秦。姚襄怎肯卖命，当殷浩大军行进到山桑时，姚襄于夜晚突然包围山桑，对殷浩发起攻击。殷浩仓促应战，大军不战自溃，七万大军，被杀近万，其他则多数叛投姚襄，损失惨重。

殷浩初战的失败，不仅使东晋皇族颜面扫地，也被桓温抓住了机会。桓温立即向朝廷上书要求严惩殷浩。东晋朝廷迫于桓温的措辞和兵力要挟，只好将殷浩废为庶人，并将他流徙到了东阳的信安县。

说起来，殷浩与桓温在年轻时就已齐名。桓温素来轻视殷浩，殷浩却也不怕他。桓温曾经问殷浩："你怎么能比得上我呢?"殷浩回答说："我心里没有你。"这次殷浩北伐失败，桓温得意地说："小时候我跟殷浩曾一起骑竹马，我不要了的，殷浩拣去骑。所以殷浩终归要处在我的下位啊。"

殷浩是清谈大家，王导也喜欢清谈。有一次，王导在自己家里举行宴会，应邀的有殷浩、桓温、王蒙、王述、谢尚等当时的一批名士。王导从帐带上解下尘尾对殷浩说："我今天准备好了，你我谈个痛快吧!"王导与殷浩这一高谈阔论，一直谈到半夜三更，在座的桓温等人听得如入云雾中，无法听得明白。一天，有人问殷浩："常听说将要做官的人总爱梦见棺材，而发财的人总梦见大粪，这是什么缘故?"殷浩回答说："官本臭腐，故将得官而梦尸，钱本粪土，故将得钱而梦秽。"

但殷浩并不是真的心无旁骛。殷浩被贬后，从玄学转道佛学，开始研读佛经。他十分喜欢自己的外甥韩伯，后来当韩伯要回建康时，殷浩送他到江边，吟诵起了曹颜远的诗句："富贵他人合，贫贱亲戚离。"以致泪眼婆娑。后来，桓温写信来，要他担任尚书令。殷浩是十分愿意的，连忙写回信表示接受。可他与桓温斗了一辈子，这次竟然不会写信了，不知道该如何措辞，将信封又抽出来看，反复几十次，最后竟将一张空函封了进去。桓温接到回信，一看是空函，自然大为恼怒，自此与殷浩彻底断交。永和十二年，殷浩在信安去世。

三、孙盛著史

中华民族是一个注重历史传承的民族。对于中国的知识分子而言，能够担任史官，撰修历史是一件值得骄傲的事情。能够秉笔直书历史，不仅为后人留下了可资借鉴的宝贵经验，更为后人留下了过去的真实。

在东晋时期，出现了一位著名的历史学家，他就是孙盛。孙盛是太原中都人，其父孙恂，曾担任颍川太守，后在郡城遭遇盗贼被杀，当时的孙盛才只有十岁，于是孙盛和家人一起避难逃到了江东。孙盛长大以后，博学多才，受东晋世风影响，也喜欢谈玄，喜欢探求深奥的哲理。其时，在玄学上成就最高的当属前文所提及的殷浩，而玄学理论上唯一能与殷浩一论高低的人便是孙盛。因此，年轻的孙盛经常到殷浩家里去与他理论。有一次，孙盛在殷浩家里谈玄。时至中午两人仍辩论不休，于是殷浩就招待孙盛吃饭。可在吃饭时，两人又争论起来，也顾不上吃饭。饭菜凉了，反复热了四五次，直到天黑，两人仍没有吃完，而辩论却丝毫没有停止。

孙盛因才学渊博，先被任命为佐著作郎。后孙盛主动请求外任，出任浏阳县令。不久又被荆州刺史陶侃聘任为参军。庾亮当权时，孙盛被聘请为征西主簿。桓温掌权后，孙盛又被桓温聘为参军。

公元 347 年，桓温发兵平蜀。大军进至彭模，桓温带领轻骑直取成都，留下辎重和老弱兵士令孙盛带领，作为后应。孙盛护辎重前行，突遇几千强盗拦路攻击。当时孙盛所领都是老弱之兵，而强盗却都十分剽悍。但孙盛临危不乱，从容布置指挥。强盗虽然凶猛，可多是只为掳掠财物，经过半日的激战，强盗见久攻不下，又伤亡过大，哪里还愿意再打，一哄而走了。孙盛保护住了辎重，从而保证了桓温前锋部队的后勤供应。平蜀得胜后，孙盛因功被赐予安怀县侯爵位，并提升为从事中郎。公元 354 年，孙盛又参加了桓温北伐前秦的战争，再次因功晋封为吴昌县侯，出任长沙太守。

孙盛因家境贫寒，出任长沙太守时，有收受贿赂的行为。州府派从事到长沙考察，调查到了这些事情，但考虑到孙盛名望很高，因而没有弹劾他。可孙盛却丝毫不领情，给桓温写信说这些从事都是一群“怪鸟”，名义上来地方考察，但一点也没有凤凰的威仪，更不像鹰隼那样敢于搏击，只是在湘江上飞来飞去。桓温接到孙盛的信后，立即又派从事去长沙考察，这次倒是干脆，查出了孙盛徇私不公的一系列行为。孙盛于是被逮捕，用槛车押到了江陵。但桓温并没有给孙盛判罪，反而迁升他为秘书监，加给事中。

孙盛从小好学，一生手不释卷，著作颇丰。除论文、诗词外，孙盛还私家著述了《魏氏春秋》和《晋阳秋》两部史书。在《晋阳秋》一书中，他一直写到他所处的时代，其中真实地记载了历史，其中包括桓温于公元369年在枋头大败的历史事实。因孙盛史书词直理正，因此人们称孙盛为良史。不久，《晋阳秋》一书被桓温读了，看到有关枋头之战的记载，非常气愤，便对孙盛的儿子说：“枋头之战，

“传祚无穷”瓦当

只是偶然的失利，何至于像你父亲说的那样严重！这本书要是儱行开，可跟你们的家族关系至大！”桓温的话中明显含有杀机。孙盛的儿子连忙跪下叩头，表示道歉，并说回去后会请父亲删改。此时孙盛已年过七十，静修在家。

儿子们对孙盛边哭边诉说："就请父亲大人为全家老小数百口人的性命考虑，将书删改一下吧！"孙盛听后，气愤地说："不改，一字也不改！谁胆敢改了，我就告他忤逆不孝。"孙盛的儿子们就只好暗中将枋头之战的一部分改写了，连夜送去给桓温过目。可谁料到孙盛也担心儿子们私自改写，竟自己亲自又抄写了一部，派人送给了远在辽东的敌国，前燕国王慕容　。孙盛为了保存真实的历史，真可说是处心积虑啊！结果，《晋阳秋》产生了两个版本。孝武帝太元年间，孝武帝广泛搜集野史笔记，居然在辽东得到了这部书。把两种《晋阳秋》一比较，发现有多处不同，于是两种版本并存。这部书在唐代还保存着，以后便遗失了，现今只留下了清代汤球的辑本。

点　评

晋人整天都在谈玄，将儒家思想与道家思想混在一起，对人生，对天地万物进行思考，这些是对还是错呢？其实就学术而言，"玄"是属于哲学范畴，是对整个世界及其发展轨迹所进行的思考，对揭示事物的内在本质是有意义的。问题出在魏晋时期，人们谈玄的真实目的到底何在？研究最先提倡玄学的人，如何晏之流，他们多是一些趋炎附势之人，并非真正研究学问之人。而在中国古代，从来就没有脱离政治的哲学思想出现过，这与中国文人积极入世的世界观有直接的关系。所以玄学从产生的那一天起，就是在为当权者服务。玄学在曹魏统治时期并不被推崇，而到了司马氏时期，却得到迅速的发展，这与司马氏的提倡是分不开的。对士大夫而言，谈“玄而又玄”的问题，也就避免了触及统治者的龙须；对司马家来说，士大夫们谈“玄而又玄”的问题，也就避免了他们去批评时政，包容了他们窃取曹魏政权。在东晋，权力不在中央，而在地方。因此各大门阀就更要“玄而又玄”了。权力集中在各大门阀手中，一个门阀掌权，如同王导一样，采用黄老哲学，就纵容了各家族扩张自己势力。门阀士族得到了好处，也就自然不会在意是谁来统治，表面上会相安无事，实际上却在一点点蚕食着东晋的势力，加快了其灭亡的步伐。而如果如庾亮一样加强中央集权，则势必激化矛盾，引起坐镇外藩的豪强的反抗。所以对东晋的个别门阀士族来说，就自然不能去谈“韩非”，而要谈“老庄”了。张口“玄而又玄”，闭口则相互暗弄“玄机”，党同伐异。而一个时代的风尚往往由其领导人的意志所决定。统治者尚“玄”，被统治者则跟随统治者尚“玄”，只是被统治者不知道为何尚“玄”而已。因此一个个被统治者侃侃而谈，云里雾里，弄出许多笑话来。

相关链接

晋成帝司马衍小传

晋成帝司马衍，继位时五岁，在位十七年，病死时年仅二十二岁。他短暂的一生都是在权臣掌控中度过的。晋明帝司马绍临死，给自己年仅五岁的儿子找了七位顾命大臣，但司马绍一死，大权就被司马衍的舅舅庾亮掌握了。

公正地说庾亮虽然比较独裁，但他掌权的目的还是为了维护皇家利益的，因为他身为皇亲，司马家族的利益与他本人密切相关。为了加强中央集权，他进行了一系列的改革。他首先杀死了司马宗和虞胤，因为这两人在晋明帝后期掌握大权，有相当的势力，是自己的反对派。另外，在晋明帝生病时，不愿接见臣子，所以要司马宗挡驾。司马宗掌管宫禁，庾亮曾想进宫面见皇帝，向司马宗要宫门的钥匙，司马宗不给，还对庾亮说："这皇宫是你自己家的吗？怎么能想什么时候进就什么时候进呢？"所以后来庾亮杀司马宗，除为加强极权外，也有泄私愤的成分。

后来苏峻造反，攻入建康，太皇太后庾氏上吊自杀。小皇帝年纪幼小就失去了母亲的照料，虽然资质聪慧，但在后来直到弱冠的年龄也没有接受什么正规教育，连句读都分不清楚。苏峻反叛不久，就被剿平，朝廷内部开始了庾亮与王导之间的较量。

在一次上朝时，小皇帝出口就问庾亮："那位白头翁何在？我怎么好久没见到他了？"庾亮听后，浑身大汗，因为小皇帝所说的白头翁正是司马宗。庾亮回答说："司马宗有谋反之心，已经被斩首了。"小皇帝听后，哭着说："舅舅，您说人家谋反就可以杀人，可如果有人告发舅舅谋反，舅舅不也是要死了吗？"庾亮听后面如土色，后来离开京城去镇守荆州了。

公元 342 年，司马衍病死，他在位的十七年，处处要看王导与庾亮的脸色行事，从来没有自主过。

北人南渡多纷扰，淝水一战成偏安。

第七章 偏安江南

一、“侨置”与“土断”

东晋立国后，为稳定和巩固内部统治秩序，东晋朝廷采用了“镇之以静，群情自安”的政治主张，以期以“静”求“安”。王导对司马睿建议“谦以接士，俭以足用，以清静为政，抚绥新旧”。也就是东晋朝廷对统治集团内部的各大门阀势力加强团结合作，而对百姓，尤其是大量自北方南迁的流民，则实行大力安抚的政策，以此来休养生息，积蓄实力。所以，东晋初年，朝廷“宽众息役，惠益百姓”，减轻农民的赋役负担，并对南迁的流民采取“侨置”措施，进行安抚。

所谓“侨置”就是在长江南北流民集中地区设置以北方州郡命名的地方行政机构，以专门负责管理流民事务。因当时南下的北方人被称为“侨人”，故那些专门为北方流民设置居住的州郡就被称为侨州、侨郡。在侨州、侨郡内，官吏多由南渡的北方大族人物担任，其所管辖的流民单立户册，并加注原籍。侨人不仅可以分得田宅，东晋政府还免除了“侨人”租税和徭役负担。

“侨置”机构的设置，在东晋初年对安抚流民，笼络团结北方士族，稳定新兴政权，起到了积极作用。这一政策的实施，使北方南渡的士族在江南政治舞台上获得了更多的参政机会，而在经济上也满足了北方士族的“求田问舍”、恢复家业的需要，有利于招徕北人南下。并且，在“侨置”政策下，侨人中的北方庶民百姓的生活也有了基本保障，因而减少了东晋社会内部的阶级矛盾，减少了不安定因素，从而促进了南方经济的进一步发展。正是在“侨置”政策作用下，在东晋初年北方动荡、灾荒连年的时候，出现了“荆扬晏安，户口殷实”的局面。“侨置”政策对我国南方经济的发展，历史影响意义深远，直到南朝时期，由于战乱频繁，北方流民仍在不断地南迁，侨置措施也继续实行。

但随着时间的推移，侨置措施中的各种弊端也就显现了出来。侨人不断南迁，侨州、侨郡也逐渐增多，以侨人籍贯相同作为设置侨州郡的基本原则，与经常流动的侨人实际居住状况变得越来越不相符，结果致使东晋的地方建制日趋复杂。侨置机构户籍“紊乱无纪，名实俱违”，为“职方所不能记”，给户

魏晋·画像砖·封建主的氏族庄园

籍管理带来了很大的困难。另外，当侨人及其后裔逐渐安居于江南后，就已经是东晋的属民，而依据侨置旧制，这些久居江南的“侨人”仍享有免除赋役的优遇，这样一来，也就影响到了东晋政府的财政收入，以及侨人与土著的政治关系。面对以上的这些情况，东晋政权对“侨置”政策实行改革，推行了“土断”政策。

“土断”政策在晋成帝时期开始实行。那“土断”又是什么呢？所谓“土断”就是对已有侨州郡的设置和侨人户籍进行的完善整理。东晋政府在撤销、合并一些形同虚设的侨置机构的同时，将侨人的户籍由白籍改为与土著居民相同的黄籍。“土断”政策因为触及到了很多自身的实际利益，所以实行起来并不很顺利，在历次改革中，以桓温于哀帝兴宁二年所主持的“庚戌土断”最有成效，史称“于时财阜国丰，实由于此”。

最后，顺便说一下白籍与黄籍的区别。黄籍是普通民户的户籍。在三国两晋南北朝时期，户籍分普通民户户籍和特殊民户户籍两类。普通民户主要包括地主、农民等，他们归州郡管理，占国家人口的大多数。特殊民户主要有兵、僧尼、奴隶、杂户等，他们的户籍和普通民户户籍不属于一个系统，国家统计户口，一般不包括这些特殊身份的人。但在东晋以前，普通民户的户籍并不被称为黄籍，黄籍之名仅流行于东晋南朝。

此时侨民大量南迁，他们的户籍与土著居民不同，系用白纸制成。这样，东晋南朝普通民户的户籍就分为两种：用黄纸制成的土著居民的户籍和用白纸制成的侨民户籍。人们为区别这两种户籍，始以纸色对它们命名：前者称黄籍，后者称白籍。

关于白籍，文献记载甚少。《晋书·范汪传附子宁传》称：“昔中原丧乱，流寓江左，庶有旋返之期，故许其挟注本郡。”

允许在户籍上注明本人的原籍，为白籍在内容上的一大特点。在白籍上注籍的人免除了正常的赋役，所以在白籍上登记的事项较黄籍少一些。周一良的解释是：“以蘖汁染纸，谓之入潢。则纸不生蠹虫，缝不绽解。盖土著户籍原为保存久远，故用入潢之黄色纸。侨人户籍原系临时性质，故用普通白纸。”由此可知，东晋政府之所以要户籍分黄、白，实际上是因为最初只打算将“侨置”政策作为过渡安抚侨人的一种临时手段而已，并没有想长期设置“侨置”机构。可“侨置”设置以后，涉及到了众多人的利益问题，后来想要简单地废除也成为不可能了。白籍直到南朝后期才被废除，以后黄籍虽仍然存在，但也渐渐地不再称为黄籍了。

二、秦、晋淝水大战

东晋偏安江南，在历史上它的动荡因素主要来自内部，唯一的一次来自北方的大规模威胁就是前秦苻坚的入侵。历史上将东晋王朝这一次以少胜多的抵抗战争称为“淝水之战”。前秦政权是在东晋初年，由氐族首领苻洪于关中地区建立的氐族政权。所谓氐族就是先秦时期的西戎，是一个居住在中国西部的少数民族。东晋时，氐人散居于扶风、始平、京兆，由此得以迅速汉化，汉语是氐族的通用语。

前秦国的创基人苻洪是略阳临渭人，世代作为西戎的酋长。他原姓蒲，十三岁时入学读书，从而接受了儒学思想教育。西晋永嘉年间，天下大乱。蒲洪乘势而起，他先投刘曜，刘曜以洪为率义侯。石勒擒刘曜取长安后，蒲洪西保陇山。石虎攻上邦，蒲洪降。不久，石勒徙关中，羌、氐十五万户于司、冀州，以蒲洪为龙骧将军、流人都督，率户二万居枋头。后蒲洪因屡立战功，又被封为西平郡公。石虎死后，后赵发生动乱，关陇流民相率西归，于是蒲洪又投奔到了晋朝，被任命为征北大将军、都督河北诸军事、冀州刺史，封为广川郡公。蒲洪招引归众，竟至十余万。蒲洪力量雄厚以后，野心也随之膨胀起来，终于在部下怂恿下，根据“艸付应王”的谶文，改姓苻氏，自称大将军、大单于、三秦王，盘踞在枋头。

公元350年，苻洪为石虎降将麻秋毒死。苻洪死，子苻健继位，杀麻秋，率军队西进，击败东晋征北将军、雍州刺史杜洪，占领了长安。公元351年，占据关陇地区的苻健自号天王、大单于，定国号为秦。公元352年，苻健称帝。公元355年，苻健死，其子苻生继位。苻生是一个暴君，朝臣稍有忤逆，就被苻生杀死。苻生因生下时就有一只眼睛失明，所以忌讳很多，凡是带有“不足、不具、少、无、缺、伤、残、毁、偏、只”等字的话一概都不许说。如有谁犯忌讳，将被处以酷刑。一时之间，朝中人士人心惶惶，个个自危。

公元357年，苻健弟苻雄之子苻坚得到了朝臣的支持。他杀苻生自立，继皇帝位，称大秦天王。苻坚八岁时就入家塾读书，他祖父苻洪曾高兴地说：“我十三岁时才入学读书，就是这样，别人还赞我聪明早熟，今你才八岁，就已知读书求学，真是太好了！”因此为苻坚请名师教授。苻健是个十分信梦的人，他称帝

“淝水之战”图

时，曾梦见天神派遣使者说要拜苻坚为龙骧将军。第二天，苻健醒来后便在曲沃建坛，按照梦中的指示，拜苻坚为龙骧将军了。苻健对苻坚说："这个官职你的祖父曾经接受过，现在你又受神的任命，今后可要努力啊！"

苻坚是一个有着相当才干，且善于用人的君王。他从小好学，博学多才。在他未即位之前，就团结了王猛、薛赞、权翼、吕婆楼、强汪、梁平老等一批有才能的士人。苻坚曾说，自己得王猛，就如同刘备得到诸葛亮。王猛，字景略，北海剧人，后来移家魏郡，是苻坚的重要谋臣，他协助苻坚，整饬吏治，打击豪强，流放尸素，拔幽滞，显贤才，为苻坚立下了汗马功劳。

王猛出身贫寒，小时候曾经以贩畚为业。长大以后，他"博学好兵书，谨重严毅，气度雄远"。桓温入关时，王猛披着一件破旧的短衣去求见。他一边捉虱子，一边纵谈天下大事，面无愧色，旁若无人。桓温见他与众不同，就问道："我奉天子诏命，率领精兵十万，为百姓除害，可是三秦的豪杰都避而不见，这是什么原因？"王猛回答："明公不远数千里，深入敌境，今与长安只有咫尺之遥，却不渡灞水，百姓不知明公何意，怎么会来呢？"桓温听后，沉吟半晌，才感叹地说："江东无人可以与卿相比呀！"于是授予王猛军谋祭酒之职。不久桓温准备撤兵，又更拜王猛为高官督护，邀他一同南下。王猛知东晋朝廷内难以容下自己这样的寒士，于是婉言拒绝了。三年以后，他遇见了苻坚，成为最信赖的亲信。关中地区水旱频繁，苻坚采取王猛的建议，引泾水，修渠道溉田，推广区田法，由此"田畴修辟，仓库充实"。《晋书·苻坚载记》称："关陇清晏，百姓丰乐。自长安至于诸州，皆夹路树槐柳，二十里一亭，四十里一驿，旅行者取给于路，工商贸贩于道。"

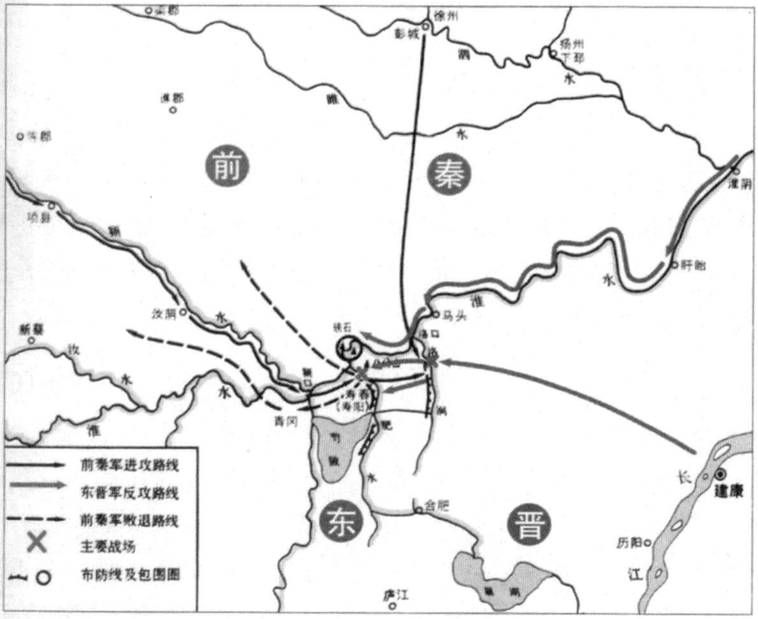

淝水决战示意图

有一次，苻坚登上龙门，俯瞰滔滔滚滚的黄河，感慨地说："山河是何等地壮美啊！汉代的娄敬向汉高祖刘邦建议建都长安，说'关中四塞之国，可保江山牢固'，他的话说的真是对极了！"

权翼听了苻坚的话说："夏商两朝的都城，在地势上并非不险要，周秦两朝的土地，也并非不广阔，可桀、纣、幽王、二世等帝王都一个个身死名裂，这是为什么呢？是因为不讲修养道德啊。吴起说过：'江山的牢固在于君主的德操，不在于地势的险要。'臣等愿陛下追随尧舜，以德感化天下，只依靠山河的险固，是不会长久的。"苻坚听了，回到长安后，采取了许多与民休息，抚慰鳏寡孤独的措施。这年秋天大旱，苻坚命令降低御膳标准，撤掉声乐，把金玉锦缎散发给将士，宫妃们一律不穿绫罗绸缎。同时大力开发山林湖泽各种利益，以满足公私需要，对外的战事也暂时停止。

从公元361年开始，苻坚大肆兴建学校。自“八王之乱”以后，学校不是关闭，就是荒废。苻坚首先在长安恢复了学校，把地方上通读了一经的学生都招进学校中，公卿以下的官吏子弟都要入学读书。学习成绩优异的，予以表彰，而且苻坚本人每个月都亲自去太学考核一次学生。

在当时的北方燕、秦两国相比，论人口、疆土，燕国都要强于秦。苻坚时期，燕国幼主继位，在军事上还算强大，但政治上日益腐败，导致经济衰落，社会穷困。在燕国后期，本来文有慕容恪，武有慕容垂，共同辅佐幼主，社会还算安定。公元367年，慕容恪病死。太傅、司徒慕容评掌控了朝政，自此燕国政治变得腐败不堪。慕容评为人贪鄙，封固山泉，鬻樵及水，积钱帛如丘陵。而燕国内却是人民困难，士无斗志；“王公贵戚，多占民为荫户，国之户口，少于私家；仓库空竭，用度不足”，“百姓困弊，盗贼充斥，纲颓纪紊，莫相纠揭”。慕容评为达到独断朝纲的目的，极力排挤慕容垂，慕容垂被迫外逃，投奔了苻坚。

公元369年，东晋桓温北伐，攻击燕国。燕向苻坚求救，迫于当时的形势，前秦出兵。当时王猛对苻坚说：“燕虽强大，慕容评非温敌也。若温举山东，进屯洛邑，收幽、冀之兵，引并、豫之粟，观兵崤、渑，则陛下大势去矣。今不如与燕合兵以退温，温退，燕亦病矣。然后我乘其弊而取之，不亦善乎?”因此，苻坚出兵援燕。次年，桓温败退。三个月后，前秦即由王猛率军进攻洛阳，燕国在洛阳的守将出降，洛阳以西尽归前秦。

随后，苻坚遣王猛督镇南将军杨安、邓羌等步骑六万伐燕。燕主命慕容评率中外精兵三十万拒秦。慕容评畏惧王猛，认为王猛是悬军深入，不能久留，所以屯兵潞川，欲要打持久战。王猛看破了慕容评的想法，用游击将军郭庆，率骑兵五千，绕道间行，到慕容评军后，烧了燕军的辎重，火光冲天，直到百里外的邺城也可见到。失去了辎重，燕军动摇，将士无心恋战。于是秦军猛将邓羌等率部冲入燕阵，这一战直打到日中，燕兵大败，被俘斩者达五万余人。旋即秦兵乘胜追击，燕军被杀或投降者又有十万余人。最后只有慕容评一人骑马逃回到了邺城。秦兵进军迅速，立即追围邺都。燕主欲逃往龙城，结果为追兵俘虏，于是燕灭亡。

灭燕以后，前秦的势力迅速膨胀。次年，前秦灭仇池氐杨氏。公元 373 年，前秦又攻取了东晋的梁州、益州。西南夷邛笮、夜郎也皆附于秦。公元 376 年，前秦灭前凉，同年，乘鲜卑拓跋氏内乱，又灭了代。在“淝水之战”的前，公元 382 年，前秦大将吕光进驻西域。从朝鲜半岛上的新罗、东北的肃慎，到西北的大宛、康居、于阗以及天竺等十二国，知前秦的强大，也都遣使通好。前秦“东极沧海，西并龟兹，南包襄阳，北尽沙漠”，是十六国时期疆域最辽阔的国家。

前秦统一北方后，只有南方的东晋以长江天险为屏障，割据一方。因此苻坚将目光投向了这个偏安的汉族政权。但对于前秦而言，经过长期战争后，并不适合再一次大规模地用兵，刚刚统一的北方有着众多不安定的因素。首先氐族是一个少数民族政权，其并没有汉族政权所具备的稳定的民众基础。当时在前秦境内，除汉族是中原地区的主要人口外，更居住着多种民族。在关陇地区有卢水胡和羌人，在山西西北部和陕西北部有山胡，在山西东北部和内蒙一带有鲜卑拓跋氏，辽东、河北和河南北部有鲜卑慕容氏。

前秦政权只是凭借武力将北方众多民族统一到了一起而已，对于刚刚统一北方的前秦，所需要解决的是如何巩固庞大的帝国。解决民族之间的矛盾，是需要长时间消化的，需要发展生产、经济，使各族人民都先安居乐业，以加强前秦的统治。而这一过程是要经过几代优秀的君主去休养生息的。没有稳定的国家基础，一旦对外用兵就有可能祸起萧墙，看似强大的政权就将在短时间内土崩瓦解。所以王猛在临终前嘱咐苻坚不要去攻打东晋，他说："晋虽僻陋吴越，乃正朔相承。亲仁善邻，国之宝也。臣没之后，愿不以晋为图。鲜卑羌虏，我之仇也，终为人患。宜渐除之，以便社稷。"可见，王猛已经看到，前秦政权存亡的关键就在于如何解决内部的民族问题。况且苻坚灭燕以后，他认为："今四海事旷，兆庶未宁，黎元应抚，夷狄应和，方将混六合以一家，同有形于赤子，汝其息之，勿怀耿

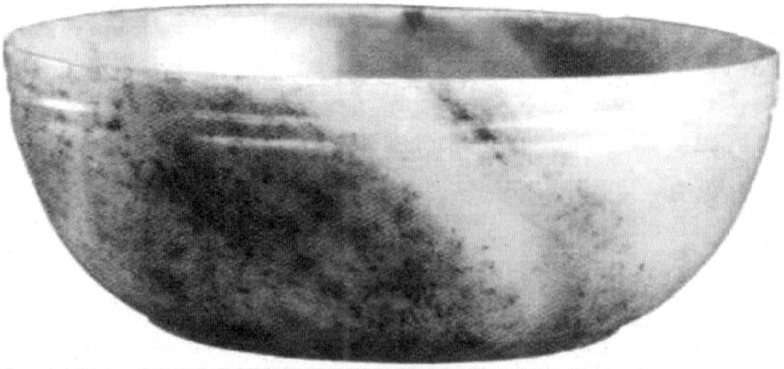

北燕·玉盏

介。”因此他并没有杀害燕主慕容德和燕国王公大臣，仍让他们保持着一定的政治地位，在朝中做官。但苻坚的想法虽然有政治家的豁达，却并不适用当时。在十六国时期，被征服的各族的贵族是不会满足于现有地位的。而苻坚这一不合实际的想法，最终促使他“淝水之战”后彻底灭亡。

但在王猛死后，苻坚在生活上变得骄纵起来，在政治上也做了一些错误的决策。公元380年，苻坚为加强巩固秦的统治，分关中氐族子弟十五万户于各方要镇。但他的这一决策适得其反。氐族人口在关陇地区原本比较集中，因而占有优势。分散到各地后，在各地都变成了少数民族，这样一来不但不能起到巩固统一的作用，反而起到削弱氐族在关陇的优势的作用。这都是苻坚急于迈上统一的征途而带来的恶果，他只看到了貌似强大的军事实力，却轻视了自己国家内部的不稳定因素。

公元382年10月，苻坚在长安太极殿会见群臣。苻坚说：“吾统承大业，垂二十载。芟夷通秽，四方略定。惟东南一隅，未宾王化。吾每思天下不一，未尝不临食辍。今欲起天下兵以讨之，略计兵仗精卒，可有九十七万。吾将躬先启行，薄伐南裔，于诸卿意何如？”当时，前秦满朝文武除了弄臣朱彤和心怀鬼胎的慕容垂表示支持外，苻坚的同母弟征南大将军苻融，太子苻宏，中心公苻诜，乃至苻坚尊敬的大和尚道安都极力反对。

朝会散后，苻坚独留苻融商议。苻坚对苻融说：“自古大事，定策者一两人而已。群议纷纭，徒乱人意，吾当与汝决之。”

苻融知道苻坚想得到他的支持，但苻融冷静地分析了形势，他说：“岁镇在斗牛，吴越之福，不可以伐，一也。晋主休明，朝臣用命，不可以伐，二也。我数战，兵疲将倦，有惮敌之意，不可以伐，三也。诸言不可者，策之上也，愿陛下纳之。”

苻坚听后脸色大变，生气地说：“汝复如此，天下之事吾当谁与言之！今有众百万，资杖如山。吾虽未称令主，亦不为劣。以累捷之威，击垂亡之寇，何不克之有乎？吾终不以贼遗子孙，为宗庙社稷之忧也。”

苻融闻言，哭着说：“吴之不可伐，昭然。虚劳大举，必无功而返。臣之所犹，作此而已。陛下宠育鲜卑，羌羯布诸畿甸，旧人族类，斥徙遐方。今倾国而去，如有风尘之变者，其如宗庙何？监国以弱卒数万留守京师，鲜卑羌羯攒聚如林，此皆国之贼也，我之仇也。臣恐非但徒返而已，亦未必万全。臣智识愚浅，诚不足采，王景略一时奇士，陛下每拟之孔明，其临终之言，不可忘也。”王景略，说的就是王猛。但苻坚一意孤行，终于发动了这场葬送前秦的战争。

这时正是谢安主持东晋政务的时候。谢安执政期间，他虽没有从实质上解决东晋豪强士族当政这一根本问题，但他采取了近似于王导的无为政策，有效地缓解了各方面之间的矛盾，这对稳定长期动荡的东晋政权是有益的。桓温死后，谢安三分了桓温生前的职务。他借东晋朝廷的力量，加桓温弟荆州刺史桓豁为征西将军，都督荆、梁、雍、交、广五州诸军事；加桓温弟江州刺史桓冲为中军将军，都督扬、豫、江三州诸军事，扬、豫二州刺史，镇姑孰；加桓豁子竟陵太守桓石秀为宁远将军、江州刺史，镇寻阳。这样一来也就巧妙地削弱了桓家的力量，使得桓家拥兵自重，对东晋朝廷所构成的威胁大大减弱了。而桓冲又是一个顾全大局、“尽忠王室”的人，所以谢安与桓冲的关系一直很好。

桓豁死后，桓冲迁督江、荆、梁、益、宁、交、广七州的军事，领护南蛮校尉，荆州刺史。当时桓冲的德望不在谢安之下，所以朝廷又任命他为内相。谢桓两家一在朝廷，一在上游，又都掌有兵权，在当时能够合作共处，以致东晋王朝在政治上得以安定，这是自司马氏渡江以来很少有的事情。

另外，在“淝水之战”中，东晋还拥有一支精干强大的军队，这就是北府兵。所谓北府是指京口。东晋时期，自北方兖州、徐州南来的流民，多集中居住在京口、常州一带。东晋朝廷为此特别设置了南兖州、南徐州以安置这些流民。而北方的流民“人多劲悍”，于是东晋招募这些人为兵，就组成了一支劲旅。晋孝武帝太元初年，谢玄任兖州刺史，领广陵相，监江北诸军事。他“多募劲勇”，刘牢之与东海何谦等人“以骁猛应选”，谢玄就用刘牢之为参军，领精锐为前锋。这支军队百战百胜，号称“北府兵”。

另外，在财力上，淝水之战前也是东晋王朝国库最为充实的时候。公元 364 年庚戌这天，桓温实行了一次土断，当时北方流亡到南方的侨民，都不负担租赋徭役，这样就大大减少了国家的税收。桓温的这次土断比较彻底，达到了“民富国丰”的效果，历史上称作“庚戌土断”。从上边这些情况我们可以看出，苻坚的这次出兵确实是极为不明智的。前秦虽然有很强的军事势力，但东晋也并不很弱，而前秦在政治上表面上很好，实际上却危机四伏，东晋却是在前所未有的最佳时刻。苻坚确实是被前秦表面上的大好局势冲昏了头脑。

公元 383 年 7 月，苻坚下诏调集各州县所有的公私马匹，民每十丁遣一兵。良家子，即门第较高的富家子弟，年龄在二十以下，有才勇者拜为羽林郎。当时有羽林郎三万骑，命秦州主簿赵盛之为少年都统。八月，苻坚派遣征南将军苻融、骠骑将军张蚝、抚军将军苻方、卫军将军梁成、平南将军慕容玮以及冠军将军慕容垂率步骑兵二十五万为前锋，以兖州刺史姚苌督益、梁二州，诸军由蜀顺江东下。苻坚亲自统率六十万步兵二十七万骑兵，从长安出发。这可真是“黑云压城城欲摧”，前秦攻晋大军首尾不见，竟长达一千多里。历史上著名的“淝水之战”的序幕由此拉开。

“淝水之战”以前，秦和晋之间已发生过几次或大或小的战争。公元 373 年，苻坚出兵夺取了东晋的梁、益二州。378 年，苻坚派其子苻丕兵分四路，步骑十七万，合攻襄阳，襄阳陷，生俘襄阳太守朱序，同年，出兵七万攻彭城、淮阴、盱眙。379 年，前秦夺取了彭城、淮阴、盱眙。随即兵攻三阿，去广陵不过百里，以致东晋朝廷为之大震。但秦军在兖州为晋兖州刺史谢玄打败，不得已退还淮北。公元 381 年和 382 年，前秦荆州刺史率众二万攻竟陵，东晋桓冲出兵拒战，又一次大败秦兵，斩首七千级，俘虏万人。

东晋朝廷听说前秦大军南征，谢安镇定应对。他以谢石为征讨大都督，谢玄为前锋都督，与将军谢琰、桓伊等率众八万，北上抗击秦军。十月，秦军渡淮，攻陷寿阳。东晋派去援助寿阳的胡彬水军，听说寿阳已经失陷，于是退屯硖石。苻融命将军梁成率大军五万进屯洛涧，这样一来不仅截断了胡彬的退路，也使晋军不得从淮水水路西进。谢玄军自东推进到洛涧以东二十五里处，知前方已被秦军占领，于是停止前进。苻坚这时却派死守襄阳多年后被擒的朱序去晋军大营劝说谢石投降。朱序到了晋营，不但不劝说谢石，反给谢石出谋划策。他对谢石说：“若秦百万之众尽至，诚难与为敌。今乘诸军未集，宜速击之。若败其前锋，则彼已夺气，可遂破也。”于是谢石采取了主动出击的策略。十一月，谢玄遣刘牢之率精兵五千人取洛涧，大破梁成军，将梁成斩杀，秦军前锋崩溃，士卒争赴淮水，落水而死者有一万五千人。随后谢石大军，水路俱进，兵临淝水。

当晚苻坚和苻融登上寿阳城东望，看见晋军布阵严整，又望八公山上草木，因天色昏暗，错误地以为皆是晋兵。苻坚在这时才开始后悔，他回头对苻融说：“此亦劲旅，何谓弱也！”于是，秦晋两军隔淝水相峙。谢玄派人对苻融说：“君悬军深入，而置阵逼水，此乃持久之计，非欲速战者也。若移阵少却，使晋兵得渡，以决胜负，不亦善乎！”苻坚打算在晋兵渡江一半的时候开始进攻，所以同意了谢玄的要求，苻融也对这一想法表示赞同。哪知大军一退，前秦军中汉人与慕容氏趁机作乱，弄得不可收拾。苻融想拦阻退兵，不想马倒，死在乱兵之中。朱序便在阵后大呼：“秦军败矣！”士兵们不知真相，纷纷后退，再也收不住了。这时谢玄等已率领晋军渡水，冲杀过来，直追出秦军三十多里，秦军自相践踏而死者，蔽野塞川。苻坚在乱军中也中了流矢，只好带领少数人退回淮北。在淮北苻坚搜罗散兵，回到洛阳时，百万大军只剩下十来万人了。

而在东晋这边，当谢玄将晋军全胜的消息传至建康时，谢安正在书房与客人下棋。差人将捷报呈给谢安，谢安看完便将捷报随意丢在旁边的几榻上，脸上不露一点表情，继续和客人下棋。倒是客人知道是战报，反而着急地问起来。谢安这才慢声慢气回答说：“小儿辈已胜了。”其实，这不过是谢安故弄玄虚而已。等棋下完，客人走后，谢安突然转身往内室中奔去，因太高兴，在过门坎时把木屐上的齿都踢掉了。

苻坚的命运则发生了一百八十度的转变。他在“淝水之战”中一败涂地，前秦从此一蹶不振。鲜卑降人慕容垂等人纷纷趁机作乱，公元 384 年，慕容垂自称燕帝，建都中山，史称后燕。慕容泓占据华阴称王，史称西燕。慕容泓为谋臣高盖所杀，立慕容冲。慕容冲在阿房即皇帝位。羌族人姚苌占据北地，自称秦王。公元 385 年慕容冲攻长安，苻坚屡战屡败，只好留太子苻宏守长安，自率数百骑逃往五将山。姚苌便围攻五将山，苻坚被擒，在新平佛寺中被姚苌缢死，此时他刚四十八岁，还不到知命的年龄。

点　评

战争是以武力为手段使对方屈服，这一点是毫无疑问的。但一场战争能否胜利，却不能单看武力的强大程度。指挥战争的是人，直接参加战争的也是人，人离不开政治生活，离不开物质需求，并且人与人不同，不同地方的人对不同地方的环境适应能力也不一样。所以，一场战争要想胜利，就一定要把各种因素都考虑进去。淝水之战苻坚的失败原因就是因为他只看到了自己的百万军队，却没有看到自己国内的各种危机。一百万人，听起来是很吓人，但要想把这一百万大军的威力充分发挥出来，就要有完善的后勤保障，在指挥上，要让百万人如一人，上下一心，步调一致。为将者，指挥一百万人，一旦发出命令就无法更改，在这种情况下，说每一句话都要慎之又慎。淝水之战，前秦百万大军，各怀心思，前方少数后撤，未得到准确命令之前，稍有风吹草动，各军将领不思进取，只希望于自保，怎能不败呢？

相关链接

道安小传

十六国时期，是中国北方极为动荡的时期。而就在这个金戈铁马的时代里出现了一位对后世佛教影响极为深远的人，这就是道安。

道安，俗姓卫，常山扶柳人，生于一个儒学世家。他相貌丑陋，但却聪敏过人，七岁开始念书，读两遍便能背诵。道安十二岁出家，起初并不被师父重视。在田间做了几年的杂活，没被传授一点经文。后来道安向他的师父借阅佛经，师父便随手给了他一卷约五千来字的《辨意经》，道安利用田间劳作的休息时间，读了这部经，第二天就背诵了下来。傍晚，道安回来，将经书还给师父，要求另换一部。

师父责问说："昨天给你的经书，你读完了吗？怎么又要再换一部经？"道安回答道："昨天的那部经，我已经背诵下来了。"道安的师父将信将疑，又给了他一部近万字的《成具光明经》。道安仍用田间休息的时间阅读，很快就又背诵了下来。过了一晚将经书送还了师父。这次师父让道安当场背诵，果然道安所背一字不差。师父大为惊异，从此对他刮目相看，开始对他进行正式的佛学教育。不久，道安授"具戒"，成为了一名正式僧人，随后被师父派出去游学，进行深造。就这样，道安就开始了他出家以后的游学生涯。

在邺都，道安遇见了神僧佛图澄，遂师事之。佛图澄对道安深为器重。佛图澄每次讲经，都要道安为大家再复述一遍，道安词锋锐利，屡挫群疑，众人为其折服。于是有“漆道人，惊四邻”的赞语。道安也由此出名。

佛图澄死后的十五年间，道安一直辗转活动于河北、山西一带，边修禅，边讲学。汤用彤先生曾经说：“盖安公……恰逢世乱，其在河北，移居九次，其颠沛流离不遑宁处之情，可以想见。”但是，尽管这个时期的道安颠沛流离，他仍能于乱世中寻求宁静，于奔波中聚众讲学。这一时期，追随道安、从之受学的门下弟子，已有法汰、慧远等五百多人。道安虽居处不定，而其门下，确已成为佛教重地。

不久，石虎死，慕容氏攻掠河南，道安只好率众南下，行至新野，道安对他的弟子们说：“今遭凶年，不依国主，则法事难立。又教化之体，宜令广布。”于是道安在新野作了第一次“分张徒众”，令竺法汰诣扬州，自率弟子慧远等四百多人南下。道安先到了长安，公元 365 年到达襄阳。在襄阳，道安得到征西将军桓豁、襄阳名士习凿齿甚至东晋孝武帝司马曜的推崇、礼敬，生活安定优越，于是定居下来，开始了十五年的襄阳弘化时期。

道安先住在襄阳白马寺，后因该寺狭窄，难以容众，于是在官僚、豪富们的赞助下，另外创建了一所有四百多间僧舍的柽溪寺，道安就开始在这里进行弘法著述。在襄阳的十五年中，道安不仅每年要讲两遍长达二十卷的《放光般若经》，从不废阙，而且还从事于著书等其他各种宗教学术活动，且都取得了重大成果。

公元 379 年二月，秦将苻丕攻陷襄阳，道安与守将朱序等人一起被带到长安。在襄阳城陷之前，道安又一次“分张徒众”，慧远与弟子数十人，南适荆州。后来，慧远定居庐山，名噪一时。道安到了长安后，苻坚曾高兴地对仆射权翼说：“我以十万之众攻襄阳，结果只得了一个半人。安公为一人，习凿齿为半人。”还有一次，苻坚出游，要道安与他同辇，权翼阻止。苻坚则很生气地说：“与道安同辇，并不是安公的光荣，而是我的光荣啊。”随后要权翼“扶安升辇”。

因苻坚对道安推崇备至，道安住在有僧众几千人的五重寺，生活环境也还是相当优越的。道安在这种优越的环境中，继续他的弘化事业。首先他致力于译经事业。“笃志经典，务在宣法。所请外国沙门僧伽跋澄、昙摩难提及僧伽提婆等，译出众经百余万言。”公元 385 年 2 月 8 日，道安于长安去世，终年七十二岁。孙绰撰写《名德沙门论》，称誉道安：“博物多才，通经名理……物有广赡，人固多宰，渊渊释安，专能兼备，飞声汧陇，驰名淮海，形虽草化，犹若常在。”道安之名见重于当时，由此可以想见了。

晋元帝父子

晋元帝司马睿，司马懿曾孙，袭其父司马觐位为琅邪王。西晋愍帝死后，司马睿在建康继位，在位八年后病死，终年四十七岁。司马睿一生最大的功绩就是令已经灭亡的晋室又于东南崛起，保存维护了汉族文化，令晋朝又延续了一百多年。但他既无力控制东晋的政局，更无力北伐收复故国，所以他也是东晋偏安政治的缔造者。

西晋末年，东海王司马越为维护自己在江南的利益，封琅邪王司马睿为安东大将军，总揽扬州一带军事，镇守建业。在愍帝时，由于连年战乱，“八王之乱”后，少数民族政权于北方崛起，司马家族在北方的统治几乎完全丧失，随着大量贵族、平民的南迁，西晋的政治重心已经逐渐转移到了建邺。此时，建邺亦更名为建康。

论资历，司马睿在西晋宗师中本非强宗，又无甚威望，其能得江南士人拥护，全赖琅邪王氏的全力支持。琅邪王氏兄弟出身于世家大族，在王氏王导、王敦兄弟的拥护下，司马睿得以在江南立稳脚跟，进而得到南方官僚的大力拥护，为建立东晋政权奠定了基础。公元 317 年，晋愍帝司马邺被刘聪毒死，西晋灭亡。在群臣的再三劝说下，司马睿终于同意继帝位，延续了司马氏的宗嗣，东晋得以建立。其时，王敦驻守荆州，居外掌控东晋兵权，王导为相，居内掌握东晋政治，东晋天下三分，琅邪王氏掌握其二，所以当时有“王与马，共天下”的说法。

公元 313 年，祖逖上书北伐，这为稳定江左政治起了很大作用。司马睿授祖逖为豫州刺史，一千人的粮饷，三千匹布，但无铠甲兵马，令祖逖自己招募。祖逖得到诏书后，和他的同僚只带着亲族、家丁几百人过江北伐。渡江后，祖逖于北方募到了几千人，很快就收复了黄河以南的大片土地。但就在这个时候，司马睿与琅邪王氏的矛盾越来越激化。为了制约王敦，司马睿派亲信戴渊为征西将军，节制了祖逖的兵权。公元 321 年九月，祖逖因故土难收，忧愤成疾，病死军中。

此时，司马睿为加强皇权，起用刘隗、刁协，想要消除王敦兵权，结果，反促使王敦起兵进驻建康。而刁协出亡被杀，刘隗被逼投奔了后赵。经此一变，司马睿自知再无力消除门阀隐患，于公元322年，愤恨而死。

晋明帝司马绍，司马睿长子，睿智，有韬略，是终东晋各代唯一有所作为的皇帝。可惜天不假年，英年早逝，在位只四年，终年二十七岁。

司马绍从少年就多接触政务，和大臣王导、庾亮、温峤等人过从甚密。所以，司马绍继位后能够较为妥当地处理当时复杂的政治关系。司马绍继承了司马睿消除门阀世族的遗愿，而他刚刚登基，拥重兵在外的王敦也同样有了废黜他的想法。

一天晚上，王敦与侄儿王允之喝酒，王允之喝了几杯就觉得不适，于是先回房去睡了。一会儿，王敦的心腹钱凤来见王敦，商量谋反的事，此时正是夏天，开着窗子，尚未睡着的王允之把这些话全听到了。而此时，多疑的王敦也发现窗户没关，就向屋里叫道："允之啊，你睡了吗？"王允之没敢回答，反将肚子中的酒菜都呕吐出来。钱凤走后，王敦立即提剑跑到王允之房里，看到满地的污物，相信王允之不胜酒力，早已经喝醉睡着了，才没有害他。

几天后，王允之以回京看望父亲为借口，回到了建康，将王敦的策划，全告诉了父亲王舒。王舒与王导商议后，将这件事情报告了晋明帝司马绍。由于王导等人与王敦是表兄弟，司马绍为了验证消息的虚实，还亲自化装成兵士到王敦军中察看，才确定了这件事情。不久，王敦患病，不能率军，但野心未减，仍让其兄长王含和亲信钱凤反叛，带兵攻向建康。

司马绍得知王敦病重后，也下令讨伐叛贼钱凤。后来，王含被温峤击败，王敦也在忧愤中死去，叛军内部于是发生内乱，司马绍趁机挥兵击溃了叛军。平息了叛乱后，司马绍派人把王敦墓剖开，将他的尸体斩首示众，将王含、钱凤等枭首正法，而其他叛军士兵和一般将领则被赦免。

王敦叛乱平定不久，司马绍病倒了。公元 325 年，这位年轻的英主刚刚二十七岁就死去了。

弱主强藩皇权衰，门阀政治多更替。

第八章
僵死之躯

一、晋朝门阀

在第三章中我们说过两晋时期世族的特权，以及其形成与发展到后期所带给晋朝的危害。在这一章中，将着重讲一下晋朝门阀世族在东晋王朝中的特殊作用。其实，在前边已经多次讲述过东晋王家、庾家、桓家和谢家这些高门大族在东晋朝廷内外呼风唤雨等历史事实。不过，也正因为晋朝门阀对东晋兴衰的影响性太大了，以至于在东晋的历史上，几乎看不到皇室对天下的统治，看到的只是各大门阀们对朝政的轮流掌控。所以具体说一下晋朝门阀从盛至衰的过程，也就从侧面反映了东晋王朝自身的兴衰。

门阀世族是秦汉时期世家地主的继承与发展，是三国、两晋、南北朝时期的一个特殊阶级形式，在上层建筑中他们具有高度的垄断性。世家地主是指有封国封邑的王侯，门阀世族同世家地主一样，具有世袭的社会身份和政治经济特权，而与世家地主不同的是他们所世袭的土地具有私有性，并非封国、封邑，他们掌握的人口也是荫附于他们的农民，不向国家纳税服役，不入国家户籍之内。所以门阀世族的经济来源并不与国税统一，而是与国税分离的，更重要的是，门阀世族控制了国家的统治机器，他们在宦途上取得了支配地位，子孙世代居高官显位，这也就是前边所说过的士族特权的一部分。

东晋·武士俑

对于门阀世族的形成过程，在第三章中已经说过，这里就不再重复。国家的出现，是阶级发展到高级程度的必然结果。而既然是阶级社会，就必然有上下等级区分，就如同在商品经济社会中对商品资本进行高度垄断的资本家一样，门阀世族是封建社会中对土地与权力高度垄断的上层统治阶级。当时在地主阶级内，分为已垄断朝政的“士族”和未能垄断统治权力的“庶族”。“士族”为了维护其自身的统治地位，有意与统治集团以外的阶级拉开距离，也就是所谓的“士庶之际，实自天隔”，于是“士族”集团就具有了影响历史走向的能力。

门阀世族的子弟凭借九品官人之法，占据了朝廷中的高级官位，很多资质平庸的人都因此身居高位。正如《南齐书》中所论：“贵仕素资，皆由门庆；平流进取，坐至公卿。”这些门阀世族的子弟一出仕就是秘书郎、著作郎，正是“上车不落为著作，体中如何则秘书”。如此之多的权贵子弟身居高位，他们有的确实有真材实料，如桓温、谢安等；有的则是儒生气十足，但缺少实际的变通才能，如放荡不羁的周顗与崇尚空谈的殷浩就属于这种人；而有的则虽受到家学熏陶，与布衣百姓比他们是有知识的大族文豪，但身居高位就成了不务正业，祸国殃民之徒，王羲之子王凝之、谢安弟谢万都是这样的昏庸之人。国家用人不能任贤用能，权力被门阀世族所掌握，良莠不齐的门阀子弟又在家庭背景下相互通婚。如王羲之的伯父是王导，他娶的是豪门大族郗鉴之女，而王羲之的次子又娶妻谢道韫，一个关系繁杂的官僚网络就这样编织而成。门阀世族崇尚血统，虽并非排斥人才，但为了本阶级的利益，众多身份低微的人才就必然会被埋没，一代奇才王猛不接受桓温的聘用，其原因正在于此。所以，东晋的历史上，虽然在门阀世族中也是人才辈出，但其政权的内部却有着众多的昏聩无能的高官，这样的一个政府就成为了一个天生营养不良的畸形儿，其内在的软弱无力必然会导致其终究无所作为。

政治上的垄断离不开强大的经济基础。门阀世族的经济基础建立在对土地与人口的私有制上。荫附门阀世族的人口就不入国家编户，被门阀世族兼并的土地则不缴纳国税，国家的人口与土地多被门阀世族所占，这也就是为什么门阀世族可以不去理会朝廷委派的地方官吏，而朝廷地方官吏要想在其统辖区域内站住脚，就必须依赖门阀世族支持的原因。从西晋到东晋，帝王没有门阀世族的支持，就无法治理国家。东晋的“王与马，共天下”，其内在的含义绝对不只是说王导在建立东晋中所起的重要作用，这句话从一个侧面体现了王导家族在东晋的政治经济地位，说明了这一家族实际力量的雄厚。在东晋建立初期，琅邪王氏完全支撑了东晋的半壁江山。后来东晋王朝内部风雨不断，内讧迭起的实质原因就是伴随着东晋在江南统治地区的扩大，一些门阀氏族迅速崛起，他们为了保证自己家族的利益，进而争夺国家的最高统治权力，由此导致了一次次的武装冲突。

那么门阀世族对国家土地的兼并与人口的掠夺到底达到了一种什么样的程度呢？西晋时的王戎，其“广收入八方田园水碓，周遍天下”。东晋的门阀世族比西晋有过之而无不及，他们封占山泽，聚敛财富。谢安之后谢混，在东晋时官居三品尚书仆射，其家自谢安以后，“仍世宰相，一门两封，田业十余处，僮仆千人”，而且谢家就是经过改朝换代的巨变，仍兴盛不衰，入刘宋后，谢弘徽仍为三品侍中。另外，在门阀世族土地上的依附民是不缴纳租税，不服徭役的，所以多一户依附民，国家就少一户编户民。加上西晋灭亡以后，大量既不归国家编户，也不在世族豪门家籍的流民南渡，他们“多庇大姓以为客”，以逃避赋税，这样就使“编户虚耗”的问题变得异常突出，世家与官府间对劳动人手的争夺也更为尖锐。在《晋书·颜含传》中，颜含被升任吴郡太守，王导问他：“卿今莅名郡，政将何先?”颜含回答说：“王师岁动，编户虚耗，南北权豪，竞招游食，国弊家丰，执事之忧。且当征之势门，使反田桑，数年之

嘎仙洞遗址

中，欲令户给人足。”由此可知，在东晋初年，门阀世族对土地人口的掠夺就已经十分严重。晋哀帝兴宁二年三月，桓温进行了一次土断，史称“庚戌土断”，由于将当时众多的闲散流民编入了户口，解决了国家的财政问题，进行的比较彻底，被史家给予了好评。但“庚戌土断”并没有触及门阀世族的根本利益。

在东晋门阀政治中起过重大作用的士族，是琅邪王氏、高平郗氏、颍川庾氏、谯国桓氏、陈郡谢氏，以及太原王氏。开启东晋门阀政治的，当然是琅邪王氏。王与马的结合，既有偶然性，也是当时政治变化的结果。司马氏与琅邪王氏可“共天下”，而并非与其他门阀世族结合，这里是有历史和地域的特殊性的。

西晋武帝分封诸王，诸王一般都重视与封国内的士人结交，甚至姻亲相连，主臣相托，从而形成了比较密切的个人和家族关系。司马睿受封为琅邪王与琅邪国内士人交往，形成比较牢固的历史关系，也就是当然之事。司马睿之祖司马炎于西晋平吴之前徙封琅邪王，其时琅邪国内最显门第，当数临沂王氏。琅邪临沂王祥于曹魏黄初年间为徐州别驾，讨破利城兵变，为时人所歌：“海沂之康，实赖王祥；邦国不空，别驾之功。”自此以后，王祥威望日隆，历居魏、晋三公的高职，其宗族繁衍，名士辈出。所以琅邪王氏无须为光门户而去结交琅邪王，但琅邪王欲善待国人以广声誉，就必须与业已显赫的王氏家族结交。司马炎、司马觐、司马睿，三代相继为琅邪王，与琅邪王氏家族交好联姻，前后历数十年之久。这样王氏兄弟与晋元帝司马睿的关系就如他们所说，是朋友之情、手足之谊。

尽管王、马间的个人关系非同一般，但这种情谊是建立在家族利益基础上的，是一种互相利用的政治关系。如果家族集团利益与个人情谊发生矛盾，个人情谊也就微不足道了。西京覆没，元帝将立时，王敦“惮帝贤明，欲更议所立”的原因也就在于此。正如南宋陈亮在其《念奴娇·登多景楼》中所写：“六朝何事，只成门户私计！”王、马间的结合，是因政治环境的需要，而当政治环境变化后，王、马的关系也发生了变化。在王敦死后，琅邪王氏盛极而衰，失去了掌握朝政的能力，而司马家族在复杂的政治环境下又无法独挽狂澜，这样，顺应时事而起的新的门阀家族也就迅速取代了琅邪王氏的地位，高平郗氏、颍川庾氏、谯国桓氏、陈郡谢氏，同太原王氏就是在这样的历史环境中先后登上了历史的舞台。

面对门阀世族，东晋皇室软弱无力的原因除了历史因素外，还有一些名义问题与强藩割据的因素。司马睿在登上帝位时，只是得到了晋愍帝口头上的允许，并没有得到皇权的信物——传国玉玺。《南齐书》中说：“乘舆传国玺，秦玺也，晋中原乱，没胡，江左初无之，北方人呼晋家为白板天子。”《太平御览》中也说：“元帝东渡，历数帝无玉玺，北人皆曰司马家是白板天子。”这一历史事实在其他的史书中也多有提及，所以东晋天子就成了一个无信物根据的自署天子。天子之名不正，也就为王敦与桓温等世家门阀在作乱时，想要自立为帝提供了方便——天子既然本来就是自署的，没有信物凭证，那么这个天子其他人也就可以取而代之了。

东晋政权在这样的情况下维持了一个世纪之久，其政局的发展，就成为了几家门阀世族势力由平衡进入不平衡，经过复杂的演化又进入新的平衡的过程。而这种平衡稳定的取得，往往有赖于强臣中的“处其利而无心者”。如王导、郗鉴、谢安等名臣都属此流。东晋门阀强大的因素除皇权不振外，另一重要原因就是世族专兵。世族专兵这一现象为东晋所特有，其缔造者当为王敦。王敦手握兵权于荆、江诸州，其先后讨平华轶、杜弢、王机、杜曾，这些功业的积累，使他有了凭凌晋室的能力。而自王敦以后，东晋居上游者多踵王敦之迹，恃兵恣擅，力图以此巩固门户利益，以致多生叛逆。

门阀世族是由时代所造就，在东晋灭亡时，其势力也大大削减，在南朝时期就已经无法构成拥兵专权了，但其最后的衰落以至消失，是到南朝后期的事。经过数百年时代的变革，门阀世族在农民起义与战乱的屠戮中逐渐衰弱，到南朝后期，“寒门俊才”被广泛任用，世族的存在也就完全失去了意义，最终门阀世族退出了历史的舞台。

二、王敦叛乱

有些人在评价王敦时，说其是一个政治野心家。这种评价不错，但没有势力的野心家古往今来从来没有。王敦的野心是同其不断壮大的军事实力与政治地位成正比的。王敦是晋武帝司马炎的驸马，娶司马炎的女儿襄城公主为妻。王敦能得到这一特殊身份，并非得力于司马炎的赏识，而是得力于其家世，司马炎嫁女的行为，不过是为了拉拢王氏家族的一种手段而已，是司马炎与王氏家族利益结合的外在表现。不过，不管怎么说，王敦的这一特殊身份，还是为他后来仕途的发展清除了许多的阻力。

另外，王敦的性格中也带有反叛和冷酷的特点。早在西晋的时候，外戚王恺挥霍无度且行为残忍。一次，王恺请客，王敦与王导都在座。席上有个吹笛子的女孩不小心吹走了调，王恺立即叫人把女孩拖下，当着客人的面用鞭子、木棍把女孩打死。一时间满座宾客都大惊失色，唯独王敦无动于衷，照旧饮酒，神色自若。后来，王恺又叫美女替客人敬酒。有的客人不会饮酒，美人劝敬无效，王恺一见，当即大怒，认为是这名美人没有尽到心意，立即命人把这名美人拖到院子里杀了，又另换美人敬酒。一会儿一美人敬到王导面前，王导的酒量本不大，但还是将酒喝了个干净。可当美人敬到王敦时，王敦则故意不接。那美人脸色立变，面如白纸，可王敦仍是坐着纹丝不动。王恺见后，果然又将那美人拖出去杀了，而再换美人敬酒。王导见这种情况，怕出事，就拉着王敦向王恺告辞回家了。事后，王导责备王敦，王敦却冷冷地回答："他自己杀自己家的人，与我有什么关系！"

晋武帝死后一年，太后贾南风弄权，从而引发"八王之乱"。动乱发展到后期，成为司马颖与司马越两大集团之间的角逐。为了击败对方，司马颖与司马越都分别引胡人作为自己的重要军事力量攻击对方。支持司马颖的是匈奴的刘渊与羯人石勒，而司马越则借助鲜卑人的力量。最后，八王之乱的结果是司马颖与司马越两王及其族人全部在战乱中被对方杀死。北方为胡人所占据，而被司马越派到江左坐镇，既没有足够的威望，也没有足够军事实力的司马睿得到了机会，取得了皇权。

夏石马

司马睿刚坐镇江东时，全得力于王敦与王导的支持。王敦与王导不仅吸引了大批北方逃难来的士人，也赢得了南方士人的推崇。因此，东晋建立后，王导身居宰相，掌握朝政，王敦担任扬州刺史，掌握兵权坐镇一方。不久，王敦因平定了蜀中杜弢的叛乱，进封为镇东大将军，兼都督江、扬、荆、湘、交、广六州诸军事，江州刺史。从此，湖北、湖南、广东、安徽、江苏等地都为王敦所管辖。王敦又援引王家兄弟子侄担任各地要职，东晋的半壁江山便操控在了王敦的手中。

东晋初建之时，东晋朝廷的兵力是很弱的，粮草和兵员都十分有限，真正构成东晋军事力量的是皇室以外的三大军事集团。其一当然是王敦，另外两股军事势力是祖狄与陶侃。陶侃被王敦派往广东，因此当时并没有参与建康方面的事情，而祖逖与王敦一向不和。王敦有反叛之心，祖逖是知道的，祖逖生前就曾明确地说过："我在，他怎么敢。"王敦也确实对祖逖十分忌惮，在祖逖生前他是不敢有任何举动的。王敦的野心一时无法实现，就经常喝酒，喝醉后，便站起身，顺手拿起一只如意敲着唾壶，高声吟诵道："老骥伏枥，志在千里。烈士暮年，壮心未已。"经常醉，经常唱，经常敲，唾壶的边沿出现许多个缺口。由此也就可以看出王敦的心境了。后来，晋元帝为了加强自己的皇权，派南望戴渊掌控祖逖兵权。祖逖一心北伐，目标无法实现，以至于郁闷而终。继承祖逖的祖约虽对王敦不满，但对晋元帝也没有好感，结果祖逖一死，王敦就以"清君侧"声讨刘隗为名，于公元322年正月发动了他的第一次反叛。

王敦的反叛，实际上是东晋王朝内部，皇权与门阀势力的一次交锋。所谓权力是凭借力量而产生的威信，东晋自从立国之始，皇室就从来没有足以维护其皇权的力量。在王敦第一次反叛前，晋元帝也是有所准备的，但这些准备中既有其主观错误，也有很多是当时的历史环境所造成的。晋元帝对王氏家族势力的扩张和王敦的专权跋扈是又气又怕。为此晋元帝开始培植起自己的势力，重用刘隗、刁协等人，实行“以法御下”的法家思想。而在政治斗争中，刘隗、刁协认识到，欲加强皇权，仅仅实行“以法御下”是不行的，还必须削弱乃至剥夺门阀世族的兵权。于是，刘隗竭力劝说晋元帝司马睿任用心腹为外藩方镇长官，以收外藩兵权。这时恰巧湘州刺史出现空缺。湘州号称“南楚险国”，据长江上游之势，位于荆、交、广三州交界处，是“用武之国”。王敦得知消息后立即表请以自己的亲信、宣城内史吴兴、沈充为湘州刺史。如果司马睿能控制湘州，对建康朝廷来说，无疑等于在王敦势力范围内打进一个楔子。因此，晋元帝在刘隗、刁协等人的劝告下，未理会王敦的表请，而任命自己的从叔父左将军谯王承为湘州刺史。可谯王承本人将才不足、能力较低，王敦凭借湘州位于自己的都督区内，既不给本来就缺少军队的湘州增加兵员，也不供给湘州军事器械。谯王承坐镇湘州毫无作为。主弱臣强的局面也因此没有任何实质性的变化。

不久王敦向朝廷提出，要将部下在扬州的家属接到荆州。王敦的这一招可说是阴毒至极，如朝廷同意这一要求，他则可收买人心，并防备来自建康的不虞；如朝廷拒绝，他则可因此煽动将士对朝廷不满，为起兵提供借口。刘隗、刁协在这一问题上的处理过于激进，接到王敦的上表后，认为王敦奸逆之心已经昭著，拒绝了王敦的要求，以期以王敦部下家属为质，牵制王敦，并积极地着手建立一支由朝廷直接控制和指挥的新军。可在当时的军户制里良人无当兵的义务，军户又多由门阀世族所把持，故要建立新军，就必须要解决兵源问题。无奈之下，太兴四年五月，晋元帝下诏发奴为兵，征发扬州诸郡的奴客为兵，以备征役。七月，晋元帝任命亲信、尚书仆射戴若思为征西将军、都督司兖、豫并雍冀六州诸军事、司州刺史，镇合肥；以丹杨尹刘隗为镇北将军，都督青徐幽平四州诸军事、青州刺史，镇淮阴，各领以奴为兵者万余人，名义是为了防御北方入侵，实际上则是使合肥、淮阴、建康形成掎角之势，以应付王敦。

刘隗出任外藩后，仍掌理着朝政，凡是朝廷重要事务，晋元帝都要与他商议后才作出决定，王导则被架空，郁郁而不得志。王敦得知这一消息后，写信跟刘隗说："近来皇帝非常信任你，如今中原动乱、大贼未灭，要是我能与你和周顗等人平安相处，齐心协力，辅佐王室，以安天下，则皇室国运可以历久不衰，反之，则天下将永无宁日。"刘隗则毫不客气地回信，表明自己的态度，拒绝了王敦的拉拢，又含蓄地指斥王敦怀有不臣之心。王敦见信后自然气急败坏，更加怨恨刘隗。此后他在荆州聚集军队，加紧战备，更加积极地筹划东征京师建康一事。同时，王敦利用北方世族地主对朝廷征兵的不满情绪，派沈充到扬州，纠合反对朝廷的势力，以配合反叛。

王敦军至芜湖，又上表列举了刁协的罪状。晋元帝见表大怒，命令刘隗、戴若思，急速率兵回建康勤王助讨。刘隗到建康后与刁协一同入宫见晋元帝，竭力主张诛杀留在建康的以王导为首的琅邪王氏。晋元帝未采纳这一建议。刘隗知晋元帝是在为自己留条退路，平叛的信心并不坚决，由此感到前景不妙，忐忑不安。晋元帝首鼠两端的这一态度，直接影响了整场战争局势的发展。当时，众多不满"以法御下"政策的门阀世族对王敦是支持的，这样就使得王敦进军神速，一路上几乎没遭到什么抵抗，兵锋直指建康。而晋元帝虽口喊平叛，却畏敌如虎。在王敦的兵威下，他不再疏远王导，竟滑稽地任命最为支持王敦的王导为前锋大都督。王导被任命后，建康城的守卫形势岌岌可危。晋元帝这才又派琅邪王廙带旨劝说王敦止兵，而王廙一去，竟如泥牛入海，再不回头，直接投降了王敦。在这关键时刻，晋元帝又任用大族名士周札为右将军，都督石头城诸军事。世族头面人物周𫖮此时则被任命为尚书左仆射，而力主平叛的刁协、刘隗，却没有在平叛中受到重用，刁协的实权实际上已被剥夺，刘隗也只能戍守位于建康外围的丹杨江乘蒲上的金城，作为建康的外援。不久，王敦兵临建康城下，石头城守将周札未加抵抗就打开石头城门，投降了王敦。

石头城陷，建康危在旦夕。晋元帝命令刁协、刘隗等人反攻，企图夺回石头城，刁协、刘隗攻城不下，被王敦所败。王敦乘胜进入建康。叛军入城后四出劫掠烧杀，无恶不作，建康城内一片混乱，宫省内百官公卿惊恐万状，奔逃一空。晋元帝知大势已去，于是脱去了戎衣，改穿朝服，派使者对王敦说："你如果仍忠于朝廷，就息兵停战，天下尚可以维持安定；如不这样，朕将回琅邪国为王，让你为帝。"刘隗、刁协这时也已无回天之力。他们败退到台城，在太极殿东侧见到了晋元帝。元帝令人给刘隗、刁协人马，让他们自寻生路。无奈之下，刘隗、刁协与晋元帝挥泪告别。刘隗行至淮阴，为刘遐袭击，不得不带着妻子、子女和亲信二百多人投奔了后赵的石勒。石勒用刘隗为从事中郎，太子太傅。成帝咸和八年，刘隗随石虎征前赵，战死于潼关，时年六十一岁。刁协年老体弱，出逃后行动迟缓，且他对下属向来毫无恩惠，行至江乘时，被人诛杀，首级送给了王敦。王敦允许刁氏家属为刁协收尸埋葬。晋元帝听到刁协死讯后，十分悲痛，秘令人捕杀了送刁协首级的人。

不过王敦此时还不具备夺取皇权的条件，因为包括王导在内

壁画　伎乐（217 窟）

的江南士人只是支持他“清君侧”，并不支持他称帝。在石头城内王敦曾对王导说：“刁、刘余党还立在朝廷，斩草须除根。就是主位不移，朝政也应革新了。”王导听后回答说：“只要朝廷悔过，我兄弟长得安全，祖业得以维继，就到此为止。不要有什么非分之想了。”可见王敦与王导当时在是否废司马睿的事情上是有争议的。王敦想废司马睿主要是从个人野心出发，而王导则考虑到了家族的利益。在王导等人的抵制下，王敦也就没能兴废立之事。王敦知道时机还不成熟，在京中杀了周颛 、戴渊，任免了一批朝臣，就只好带兵返回了武昌。同年，晋元帝在忧愤中死去，太子司马绍继位，是为晋明帝。

由于王敦反叛之心已昭然，所以晋明帝继位后积极采取措施，准备与王敦决战。晋明帝命华恒为骠骑将军，督石头城水陆诸军事，命郗鉴为安西将军，兖州刺史，都督扬州、江西军事，镇合肥。王敦则以沈充、钱凤为心腹，以兄王含为征东将军，东晋皇室与门阀势力双方剑拔弩张，战争再一次一触即发。

在这里有必要提及郗鉴这个人。如果说王敦为东晋强藩居上游以压帝室打下了基础，那么，郗鉴在这一时期的政治活动则影响到了后来东晋帝室与强藩之间的关系的另一种关系——平衡。郗鉴字道徽，高平金乡大族。他曾受学于东汉大儒郑玄，建安年间官至御史大夫，年轻时即以儒雅著名，被称为“兖州八伯”。“八王之乱”中，郗鉴三十岁左右了，为赵王伦辟为掾。他“知伦有不臣之迹，称疾去职”。赵王伦篡位后，郗鉴闭门自守，不与赵王伦同流合污。匈奴刘渊、羯人石勒的势力壮大后，随着西晋愍、怀二帝的被俘，西晋在北方的统治即告瓦解。郗鉴于八王之乱后期回到家乡。永嘉之乱起，郗鉴与乡里千余家避难鲁国邹山，郗鉴被推为坞主，率众与石勒等日日交兵，据山自保。郗鉴在邹山坚持数年，随着东晋的防线节节南撤，郗鉴在王敦第一次叛变，攻下建康后不久，率众退屯合肥。郗鉴撤到合肥不久，即奉召渡江，卷进了东晋的政治旋涡之中，这主要是因为他手中有一支流民军。

白双且造石塔

郗鉴被迅速诏过长江，表面上由元帝下的诏，实际上是王敦的意思。当时，南北方广大汉族人民将司马氏政权看作是自己的民族旗帜，这是王敦篡晋的最大障碍。由于王敦与郗鉴过去同居司马越府，郗鉴又是北方抵抗石勒的主要将领，在南北方都颇有影响，若能得到郗鉴的支持，也就有可能缓解反对情绪。王敦认为凭过去的关系，郗鉴一定会支持自己。司马睿于永昌元年十一月死去后，明帝即位。过江以后的郗鉴不但没有支持王敦，更向晋明帝提出了用流民军以遏制王敦的策略。郗鉴的这一建议自然得到了明帝的赞同。明帝于是拜郗鉴为安西将军、兖州刺史，都督扬州、江西诸军，假节，镇合肥。有了流民军作为东晋帝室的外援，也就改变了建康在军事上孤立无援的局面。明帝的做法引起了王敦的猜疑，他要求改授郗鉴为尚书令。这时明帝的军事准备还没有完成，无奈之下只得诏郗鉴还朝。郗鉴途经姑孰，为王敦扣留，但因郗鉴声望甚高，又有流民军为后盾，故王敦未敢加害，威逼利诱一通后，不久也只好放还。郗鉴回到建康后即与明帝谈议讨伐王敦。

太宁元年，即公元 323 年，王敦移镇姑孰，谋再度起兵反叛。晋明帝为探王敦虚实，微服芜湖，得知王敦谋逆实情，于是决心与王敦一战。而就在这战事一触即发之时，王敦却病倒了。公元 324 年，明帝得知王敦病重，乘机下诏讨伐。钱凤问王敦："如果主公遇到不幸，后事应如何安排？"王敦回答说："有三计可行。上计为在我死之后，解散军队，归附朝廷，这样可保全门户；中计是带兵退回武昌，收兵自守，以为国家做贡献；下计就是趁我还活着时，顺江而下，倘若侥幸，或可一举成功。"钱凤明白王敦的意思，就对属下说："王公下计实为上上策。"王敦的第二次叛乱由此开始。这一次反叛，已无"清君侧"的口实，王敦大军所向，自有兴废之举。在行军过程中，钱凤又问王敦："克建康以后，要将天子怎么办呢？"王敦回答说："尚未南郊，哪里有天子？你就尽力攻打，只保护东海王及裴妃就可以了。”这些话，就和东晋皇帝是无玉玺为信的“白板皇帝”，和江左一脉本为东海王司马越旧部有直接关系了。当然，王敦要立东海王的想法不过是为了称帝过渡一下而已。

在晋明帝这边，此时的形式与晋元帝时期有所不同。一来，晋元帝得到了来自北方的郗鉴、温峤等人的支持，另外由于王敦专政以后，过于排除异己，而晋明帝为笼络人心，多与江南世族接触，此时也没有了“以法御下”，所以世族多拥护晋明帝，而反对王敦。王导这时的态度也是站在晋明帝这边的，以致喊出了“宁忠臣而死，不无赖而生”的口号。

这时王敦已病得不能率军，只好派其兄王含和亲信钱凤率五万大军自武昌顺流而下。王含军临城下，明帝则据城为守。王含知建康守备薄弱，于是他在逼近建康时偃旗息鼓，打算突袭攻城。但温峤率军烧掉了秦淮河上的朱雀桁大桥，与王含夹水而战，王含大败。王含的这一败致使王敦军锐气被挫，同时也为司马氏外援军队进入建康争取了时间。不久，临淮太守苏峻、兖州刺史刘遐等都带兵赶到，建康兵力从而增加。当时，有人建议乘王含军远道而来立足未稳时，明帝应亲自率兵出战。在这关键时刻，郗鉴向明帝分析了两边的情况，他认为王含兵精将勇，又有顺流之势，如贸然出战，则有很大的危险。而王敦过去对建康周围抢掠，使得百姓人人痛恨。如今王敦倾巢出动，所求唯有速战，所以则应坚守避战。时间一久，义军必起，到时王含必败。明帝听从了郗鉴的建议。后来形势正如郗鉴所预料。当王含兵临建康后，三吴的江东士族纷纷起兵攻击王敦的部下沈充。会稽大族虞潭也在会稽招合宗人，及郡中大姓，共起义军，以至万人。三吴“义军”的兴起，改变了建康两面受敌的形势，整个战争形势也开始倒向司马氏。

而王含战败不久，王敦就忧愤而死。王敦一死，叛军也就随之分崩瓦解。王敦临死，曾嘱咐郗鉴及过继的儿子王应说："我死后，王应你要立即称帝，先立朝廷百官，然后再安排葬事。"可王应是一个不问政事的荡子，王敦死后，他将父尸用席子一裹，涂上一层蜡，直接埋在了议事大厅下面，然后就与属下喝酒嫖妓去了。由此可见，王敦也是气数已尽。平叛后，晋明帝挖掘王敦尸首，焚毁衣冠，象征性地将尸首绑赴刑场，枭首示众。一代枭雄就落了个这样的下场。

三、庾氏兄弟集团

东晋的历史就是门阀世族的兴衰史。为东晋门阀政治奠定基础的先是琅邪王氏，而后是颍川庾氏，此后东晋政治就再也没能脱离大族门阀的控制。颍川庾氏家族兴于魏晋之间，本为崇尚儒学之家，魏末晋初“时重庄老而轻经史”，儒学大族如果不转习玄风，一般是难于继续为世所重，庾氏家族在这期间也完成了由儒入玄的转变过程。庾氏家族由儒入玄的转变，开始于庾峻子庾敳。庾敳曾作有《意赋》以寄怀，其参东海王越军事，与王衍、王敦诸人为友。但颍川庾氏家族面对当时的动荡环境，多“自藏”、“避地”，处世消极，宗支兄弟辈飘零四散，不足自存。庾氏在东晋初年能够扶摇直上，列入甲族膏腴，内持机柄，外镇名州，显赫几十年，其相当程度上靠的是运气与巧合。这一运气关键就在于庾亮联姻帝室，和他出儒入玄的转变。

庾亮虽以士族名士入玄风为世推重，但他不废礼教，不非儒，“风格峻整，动由礼节，闺门之内不肃而成”，“时人皆惮其方严”。他出儒入玄，使他既具有玄学表现，同时也具有儒学内涵，颇类王导。也许正是因为他所具有的这种独特的气质，使庾亮之妹得聘为太子妃，而其本人也为明帝所重用，从而成为平衡王导势力的一个重要砝码。

庾亮在元、明两朝，其权势并不盛，在他之上，或与他并肩的权臣太多，只在明帝过世前就封了八位顾命大臣。这一时期，东晋的皇权尚未完全丧失，晋明帝是东晋唯一有所作为的皇帝。元、明帝两帝，既用门阀世族，又同时扶植宗室力量，借用其他势力平衡各方面势力，而庾亮的政治立场则始终都是主张维持门阀政治格局的。所以，在这一时期，他反对崇尚申、韩，不支持朝廷用刘隗、刁协诸人以制琅邪王氏。明帝死后，成帝年幼，这一历史的巧合将庾亮推上了权力的顶峰。这时，情况发生了变化，庾亮一改政治态度，从反对申、韩思想，改为崇尚，以排除异己，独断朝纲。而又由于他此时尚缺少政治磨炼，更缺乏足够的军事才能，终于引发了“苏峻之乱”。苏峻之乱平息以后，晋成帝咸和四年，庾亮名义上为引咎出都，以豫州刺史屯驻芜湖，实际上是企图就近控制朝政，以与王导相持。

此时上游的江州属温峤，荆州属陶侃。表面上温、陶与庾亮在平苏峻时有过联盟关系，使得三家暂得相安。其实庾亮很清楚，温峤本以刘琨使者的身份至建康，在东晋朝廷孤立无援，因此于江州并无多少实力；而拥有实力的陶侃虽为南人，但门第低微，且年迈又无出众之子以继承大业。所以，庾亮的真正对手只有王氏而已，只要不出现不利于庾亮的异常事态，他是完全可能逐步扩大势力的。此后十余年里，庾氏家族正是凭借这一有利形势，日益强大起来。

庾亮初镇芜湖时，其都督范围包括侨立的豫州，也包括扬州的江西诸郡以及扬州江东的宣城郡。长江两岸的郡县完全在庾亮手中，由此构成了建康上游紧迫建康的形势，上游军队不用一天时间就可到达建康。这样庾亮名为藩镇，实际上却能遥控朝权。王导在这种形势下完全被庾亮控制，只能困守都下，等待时机，徐谋生计。不久，江州刺史温峤死去。江州为强藩陶侃吞并。庾亮在军事能力上远不及陶侃，无力与陶侃争夺。五年后，也就是咸和九年，陶侃死，庾亮于是总统荆、江、豫诸州，从芜湖迁镇武昌，这才在名义上控制了整个上游地区。

这时一直力图改变现状的王导则因为庾亮统辖范围过大，无力遥控朝政的机会，令其侄王允之出镇于湖。利用庾亮徙官之际，踵迹而来，占领了紧逼建康的长江两岸之地，想以此纾解琅邪王氏在建康的困境。第二年，即咸康元年春，北方石虎入侵。这本是后赵一次小规模的试探性军事行动，王导利用这一机会，与亲信袁耽唱了一出双簧。先是袁耽在前方谎报军情，说后赵石季龙寇历阳，来势汹汹，于是朝廷于夏四月加司

瓷　杯

徒王导为大司马，假黄钺，“都督征讨诸军事以御之”。随后王导只用了十五日，调兵遣将，完成了对庾亮统辖的豫州治所周围要地的占领，并使王允之改镇豫州旧治芜湖。这样一来，庾亮出都时所统“豫州、扬州之江西、宣城诸郡”就统统归于琅邪王氏势力范围了。这时王导才上报朝廷真实的军事情况，石季龙至历阳的兵力只有游骑十余匹而已。于是王导以“贼骑不多，又已退散”为由，停止不行。而袁耽先以报警轻妄不实受黜，不久却又得入王导府为从事中郎，可见这一切不过是王导对庾亮的成功反击而已。

庾亮对王导的反击自然不会无视。咸康五年，庾亮弟庾怿急率所部进驻江州的半洲。其兵锋所指自然是王导。庾怿东来，迫使王导做出了退让，这一年，王允之被逼退出建康以上夹江四郡。这样一来，琅邪王氏又一次在与庾氏的斗争中受到了重大挫折。琅邪王氏处心积虑夺得的豫州和扬州四郡，就这样在一次未经宣扬的袭击中被颍川庾氏夺了回去。而就在琅邪王氏面对庾亮不知所措的时候，第二年事情又有了变化。咸康六年，王导、庾亮相继死去。

庾亮的病逝给琅邪王氏提供了机会，江州刺史职出空，王允之于是进封征西将军、假节，寻迁南中郎将、江州刺史，出刺江州。这样一来，王庾两家势力进行了调换。王允之本据豫州以与江州对峙，庾怿由江州之半洲顺流得扬州四郡而就豫州刺史位后，王允之则于庾亮病逝后溯流而上，进至庾怿的后方，卒为江州刺史。这样自咸康五年到咸康六年，王、庾两家士族搏斗的结果是暂时持平，这其中的关键是王导、庾亮相继死去。王、庾死后，庾亮弟庾冰继王导为相。庾冰面对当时的情况，周旋宁息，使王、庾矛盾暂时稍有缓和，从明争转为暗斗，这种态势维持了两年多时间。

不久，新一轮争斗又起。《晋书》载，咸康八年春，豫州刺史庾怿“以毒酒饷江州刺史王允之，王允之觉其有毒，饮犬，犬毙，乃密奏之。帝曰：‘大舅已乱天下，小舅复欲尔耶?’怿闻，遂饮鸩而卒”。成帝所说的“大舅已乱天下”是指庾亮剪除宗室，激苏峻叛乱，以及谋废王导等事；而所谓“小舅复欲尔”，自是说庾怿谋杀王允之想再次挑起王、庾两家矛盾。不过其时成帝并无任何权威，史谓由于成帝所说“大舅已乱天下，小舅复欲尔耶”两句，致使庾怿饮鸩而卒，是不可信的。庾怿饮鸩当与王允之有关。

咸康八年六月，只有二十几岁的成帝死了，成帝弟康帝继位。世族门户势力被重新配置，庾冰、何充被重用。何充即王导妻之姊子。何充妻，为明穆皇后之妹。何充参政，实是王、庾门户冲突的产物。何充与王、庾都是戚属，在王、庾二族间起着缓冲的作用。而何充虽居王、庾之间，但实际上却是袒护王氏，由此与庾冰发生冲突。何充自知与庾冰难两立于朝，于是自请出镇京口。而庾冰则并未将何充看在眼里，他的目光始终放在王允之身上，想要寻找机会，驱逐王允之，把江州重新纳入庾氏之手。这样，就可巩固庾氏在上游的地位，保全庾氏的门户势力。

这时，庾冰欲将王恬远调。王恬为王导次子，王导长子悦早死，于是王恬继嗣。王恬少好武，是王氏家族中少有的堪任武事的人才。在王、庾相持阶段，曾守石头以卫护建康。所以王允之听说要将王恬远调后极为惊愕，立即上表言：“恬，丞相子，应被优遇，不可出为远郡。乃求自解州。”王允之求解江州，其目的是逼庾冰收回以王恬为远郡的成命，并推荐正处壮年，足以肩负王家以后命运的王恬代为江州，以防庾氏觊觎。但庾冰将计就计，以退为进，他改署王恬为吴郡，同时一并改署王允之为会稽，想将东方例由门阀世族居任的吴会地区，划给王氏，以表明庾氏不再染指，而求换得江州。王允之明白庾冰用意，故拒绝受调，理由是会稽犯王允之之祖王会名讳。咸康八年八月，朝廷“以江州刺史王允之为卫将军”，强令王允之离开江州，王允之于无力回天中，在同年十月病死。至于王允之死的如此蹊跷，也自然成为了历史上的一个谜团。王允之是琅邪王氏家族中能左右东晋政治的最后一人。王允之死后，琅邪王氏虽仍是代有显宦，宗族不衰，但这基本上是靠祖宗余荫与社会影响，而真能影响政局的人就此一个也没有了。

王允之死后，庾冰本以为能得到江州，可部署尚未妥帖之时，是年十二月，皇后褚氏立，名士褚裒从中又插了一手。褚裒以后父之重，不愿居中任事，“苦求外出”，庾冰无奈，只好让他出镇江州。这样庾氏欲取江州的计划，就又一次功败垂成了。但事情只隔了一年，建元元年十月，庾冰效法庾亮出都的办法，外出为都督，督荆、江、宁、益、梁、交、广七州，以及豫州四

青瓷鸡笼、青瓷猪圈

郡军事，领江州刺史，假节，镇武昌，以为荆州庾翼形援。这样，争夺多年、辗转易手的江州终于被庾氏取得。江州之争，就此告一段落。

但只要门阀政治的格局不变，江州的重要地位不变，江州之争也将不断发生。建元二年十一月庾冰死，朝廷立即以谢尚为江州刺史，企图把江州从庾氏手中夺回。而此时庾翼仍握有重兵，由于庾翼强力抵制，谢尚未得如愿。第二年，庾翼死，江州这才再度易手。颍川庾氏苦心经营十几年，才取得了一定的地位，但其家族根底毕竟不深，庾氏兄弟尽皆去世后，颍川庾氏在桓温的打击之下，很快就衰落了。颍川庾氏对上游地区的苦心经营，最后都成为了桓温的政治资本。

四、桓温乱政

在前边已经提及过桓温北伐的大体情况，在这一篇中将继续讲述这一取代庾氏兄弟而兴起的历史人物。祖逖的北伐是不计较个人荣辱得失的爱国之举，是东晋北伐最具有民族主义特性的一次军事行动。此后的庾氏兄弟以及桓温的北伐目的就不那么单纯了，他们的目标并不在中原。庾氏兄弟北伐的目的不过是为了令家族长盛不衰，所以稳固上游形式是庾氏兄弟始终如一的宗旨。桓温继而兴之，其北伐最初的目的似乎也与庾氏兄弟类似，但随着自己势力的不断强大，其野心也随之膨胀，进而有移鼎之意。

桓温的势力起自东晋永和年间。东晋永和时期，是东晋历史上一个相对安定的时期。在外，后赵石氏盛极而衰，石虎于永和五年死去，冉闵于永和六年灭石氏，北方重新陷入混乱无主的局面。这样一来，东晋来自长江以北的外部压力就大大减弱了。永和七年，东晋趁机收复洛阳，这一事件虽并不表明长江南北的军事势力发生了明显变化，但对东晋却有比较强烈的政治和心理影响，一时间东晋内北伐呼声异常高涨。永和八年，谢尚又于北伐中获得所谓的传国玉玺，这使得建康司马氏摆脱了“白板天子”这一无物可凭的尴尬政治处境。另一方面，庾翼之死则成为了永和安定局面的内部条件。庾翼死后，颍川庾氏势力骤衰，江左世族中一时间没有可以具有足够实力和影响代替庾氏发挥作用的世族门户。这样一来，世族门户间的争斗虽未停息，但却处于相持局势中，一时难分高下，政局呈胶着状态。同时，也正是庾翼的死，为桓温提供了机会。

桓温父桓彝在灭王敦时有功于东晋司马氏，而又死于苏峻之难，这样一来，就为桓氏家族与司马氏政权之间打下了良好的政治关系。而后，桓温娶成帝姊，这样一来也就成为了庾氏甥婿，在东晋复杂的政治环境中他就有了独特的身份，成为当时执掌东晋朝廷的何充与强藩庾翼同时看重的人物。庾翼声言北伐时，就曾以桓温为“前锋小督”，假节入淮。何充回朝后，也以桓温继刺徐州，列名方镇，而在此之前庾翼也曾力荐桓温。庾翼临终前又表次子爰之为荆州刺史。而东晋朝廷则正是要利用庾翼之死来收回庾氏兵权。何充在这时就趁机提携桓温，刘惔不同意何充的安排，他说：“使伊去，必能克定西楚，然恐不可复制。”何充不听，仍以徐州刺史桓温为安西将军、荆州刺史，桓温由此发达。

何充对这一安排是很满意的，桓温镇荆州后，他常对人说：“桓温、褚裒为方伯，殷浩居门下，我可无劳矣。”而恰恰是他的这一安排，为后来东晋局势的发展带来了无穷后患。永和二年何充死，会稽王司马昱成为首辅。此时桓温在力量增长以后，正应了刘惔“不可复制”的说法，已比以前的庾氏更难驾驭了。

永和时期，是桓温势力逐渐壮大的时期。东晋穆帝继位时只两岁，皇太后诸氏临朝，何充辅政。何充自知自己难堪大任，所以引诸太后父褚裒共参大政。褚裒看清了要想保朝廷，就必须坐镇外藩，掌握实际兵权。因此，褚裒宁愿出镇徐、兖，也不愿株守朝廷。何充死，司马昱辅政。褚裒以后父为征北大将军，督徐、兖。徐、兖自郗鉴以来，一直为卫戍京师的重镇。褚裒出镇徐、兖，一可制约上游，稳定政局，同时也可经略北伐军务，不让其他门阀插手，以避免以北伐之名，挟功弄权，乘机坐大，窥视朝廷。褚裒以后，荀羡、郗昙先后居徐、兖，其作用与褚裒大体一致。而此时，豫州掌握在谢氏手中，谢氏也支持朝廷。在这样的局势下，桓温也就只能经营荆州，等待扩张势力的时机而已。桓温从永和元年，即公元 345 年出督荆州，一直都于荆州培养势力，扩大声望。直到永和十年，殷浩兵败，被桓温趁机废黜，从而总揽北伐之任，这时事态才发生变化，桓温的势力才得以迅速发展。

桓温于永和十年以前，为了扩大自己的声望，进行了一次大规模的军事行动，这就是灭蜀。桓温出任荆州刺史时，占据巴蜀的李氏成汉政权已日渐衰微。为立功树威，桓温开始积极筹划伐蜀。永和二年十一月，桓温上书朝廷要求伐蜀，只不过是个形式而已，他知道在朝中防备他的势力很强，所以他随后不等回音，便在当月以江夏相袁乔为前锋，亲率益州刺史周抚、南郡太守谯王司马无忌，精兵万余人，径自出兵伐蜀了。朝中闻知，诸臣都以为蜀道险远，而温军寡少，胜算不大，只有刘惔认为桓温必能克蜀。其后，捷报传来，桓温果然平蜀。

桓温驻军蜀地三十日，援引成汉贤才为己之用。成汉尚书仆射王誓、中书监王瑕、镇东将军邓定，散骑常侍常璩等，皆为桓温并用为参军。不久，王誓、邓定等复反，桓温一一讨平，然后回师江陵。永和四年，桓温以平蜀之功，进位征西大将军、开府、封临贺郡公，加督交、广二州诸军事，一时威名大振。会稽王司马昱怕桓温威名过大而日后难制，于是用扬州刺史殷浩参综朝政，以抑制桓温。桓温尽管有不满，但他知殷浩虽有盛名，其才却不堪大用，加之尚不能控制朝政，也就故作姿态。而平蜀以后，晋廷对桓温已不能征调如意。桓温所督荆、司、雍、益、梁、宁、交、广八州“士众资调，殆不为国家用”，俨然以为国中之国。

桓温欲掌控朝廷，就必须得到上游荆州与下游扬州之间的豫州和江州。这样，在永和以及以后的一个时期内，江、豫就成为朝廷与桓温明争暗夺的地带。桓温明白，自己要想扩张就必须借助北伐。永和五年，石虎病死。桓温自江陵出屯安陆，上书请求北伐。朝廷自是不能容忍桓温的威望进一步提高，所以对桓温的上书不加理睬，而于同年七月，以征北大将军褚裒为征讨大都督、督徐、兖、青、扬、豫五州诸军事，出兵北伐。朝廷之意自然是不在北伐，而是要遏制桓温。桓温此时自不敢与朝廷公开对抗，但要是强行北伐，则有丢失荆州的危险。

铜　魁

永和七年，事情发生了变化，此时冉闵已经作乱，中原无主。这年，褚裒北伐失败。十二月，桓温再次拜表北伐，随后率大军自江陵顺流而下，至武昌而止。建康朝廷此时损兵折将，为桓温逼迫，上下无不惊恐。会稽王司马昱写信给桓温，极力劝阻桓温北伐，言“思宁国而后图外”，又说桓温行此“异常之举”，易引起非议，希望其深思熟虑之。桓温于是息兵观望。永和十年，殷浩兵败，被贬为庶人，徙居信安。自此，桓温取得了进一步扩充自家势力的空间。

在这段时间里，桓温虽在江州有很大的活动能力，但并未真正掌握江州。而豫州自永和四年起，至以后的十五年时间里，则一直为陈郡谢氏所掌控，谢尚、谢奕、谢万兄弟相继出镇豫州。升平二年，豫州刺史谢奕卒，有人举桓温弟桓云为豫州刺史。朝廷为防止桓温专权，又顾及到陈郡谢氏的面子，因而启用谢万。但谢万不务正业，是一个典型的世家子弟。升平三年，谢万兵败，桓温给朝廷施压，将谢万贬为庶人。谢万病逝，而桓温仍未能很快掌握豫州。豫州刺史之职空悬数年，后朝廷任命庾氏旧部袁真为豫州刺史。桓温夺得江、豫二州是在太和四年的事了。自永和十年，到兴宁三年，桓温先后进行了三次北伐，其以北伐为名，挤走了徐州的郗愔，压平了豫州的袁真，于是长期维持的力量均势被彻底破坏，桓温自此真正得以独断朝纲。

桓温第三次北伐时，也基本控制了朝政。其时，他本意是欲先立功后还受九锡，渐窃朝柄。然“枋头之败”令他威望顿减。桓温本人素慕王敦，本人亦有不臣之心，经王敦墓时他曾连声说：“可人，可人。”赞王敦能行非常之举。他还曾对亲信说：“为尔寂寂，将为文、景所笑……既不能流芳百世，复不足遗臭万载邪！”枋头战败后，参军郗超知桓温心意，于是说：“明公既居重任，天下之责将归于公矣。若不能行废立之事，为伊、霍之举者，不足镇压四海，震服宇内，岂可不深思哉！”桓温闻言，于是始定废立之事。

桓温与郗超密谋后，先诬海西公，即晋废帝司马奕有痿疾，是太监之身，并说司马奕使嬖人相龙、计好、朱灵宝等与美人私通，生下二子，将要冒充皇子建储为王，改皇家血统，倾移皇基。太和六年十一月，桓温率军从广陵返回姑孰，军止于白石，后带兵入朝，威逼褚太后废海西公，立会稽王司马昱为帝。褚太后在逼迫下只得同意。于是桓温集百官于朝，宣太后令，废海西公，立司马昱为帝。司马奕被废后，担心桓温加害，自此装疯卖傻，纵情酒色。一旦妃子们生下孩子，他就扔在水里溺死。以这种窝囊的方式，总算没被桓温杀害，于公元386年死去。

废掉海西公后，桓温开始对朝中的异己力量大加剪除。桓温先使其弟桓秘逼迫新蔡王司马晃诬告武陵王司马晞与殷涓、庾蕴之弟庾倩、庾柔等谋反，然后将他们全部擒捕。随后，桓温又使御史中丞谯王司马恬上书，依律处死司马晞。简文帝在这一次还表现得十分强硬，当桓温又亲自上表请杀司马晞时，他手诏答桓温说：“若晋祚灵长，公便宜奉行前诏；如其大运去矣，请避贤路。”自是用退位来反抗桓温。桓温不能新立一帝，即废一帝，这才改废司马晞及其二子，将其家属皆徙于新安郡，没有杀司马晞。但不久，殷涓、庾倩、庾柔等都遭族诛，庾蕴因其侄媳乃桓豁之女，则被桓温使其饮鸩自尽。从此，庾氏、殷氏两大家族受到惨痛打击，再未能复兴。一切都完成以后，桓温又带兵返回白石，还镇姑孰。

司马昱被桓温拉上皇位时，已五十一岁。面对当时的政局，他终日战战兢兢，如履薄冰，小心谨慎地伺候着桓温。他不是不想有所作为，而是贤臣被害，手无一兵，实在没能力有所作为。一次，司马昱与兄长武陵王司马晞坐车出游。桓温布置乐队在半路突然敲锣打鼓，将马惊得狂奔不已。当时身为武将的司马晞惊得面无人色，而司马昱却安坐泰然，这并非是司马昱胆识过人，而是自进宫以后，就已有了生死的觉悟了。尽管如此，司马昱仍是为国家与族人的命运殚精竭虑，为帝只几个月，就已须发如霜了。他只在位一年，第二年就忧愤而死。咸安二年，简文帝病重，急召桓温，一昼夜四诏，桓温仍是不至。几天后，简文帝病死。

简文帝死后，群臣立太子司马曜即帝位，是为孝武帝。

简文帝临死前和桓温开了个大玩笑。原来桓温本以为简文帝临死将禅位于己，不然便会使己如周公行居摄之事。不想，简文帝竟遗诏他效仿诸葛亮、王导用心辅佐太子。桓温为此愤愤不平，于是再度兴兵入朝。一时间朝中人心惶惶，都传言桓温将要杀掉王坦之、谢安，取代晋室称帝。此时，孝武帝也毫无办法，只好诏令王、谢率百官至新亭迎接桓温。谢安到新亭神色不变，就座与桓温谈笑自若，答对得体，于是气氛渐渐缓和。以致竟尽欢而散。桓温在建康只待了十四天。不久，桓温染病，只得回姑孰养病。到姑孰后桓温病渐沉重，但仍野心未已，逼迫朝廷加己九锡。桓温屡屡使人催促。谢、王等人故意拖延。宁康元年七月，桓温病重身死，年六十二岁。

五、晋孝武帝之死

简文帝死后，其第三子司马曜被推上皇位，这就是晋孝武帝。司马曜经桓温之乱，因机缘巧合而登帝位，在他的心中自然有着对世家门阀的戒备心理。同时，司马曜本人也是一个昏庸无能之人。他在位二十余年，与东晋前代君王比，司马曜继位时只十多岁，也是少主继位。所以晋孝武帝在位初期，谢安在与桓冲的冲突中为了避免朝政大权再次落入桓氏手中，就支持崇德褚太后临朝听政。褚太后是谢安堂姐的女儿，其利益得失自是与谢安休戚相关。不过褚太后能够临朝听政，除在朝中要有如谢安这样有势力的能臣支持外，天子年幼，未及弱冠也是一个必然条件。所以，有的人为贬低司马曜，说他是二十岁继位，其实是不对的。但司马曜有以谢安为代表的陈郡谢氏辅佐，再经“淝水之战”国人振奋，这些情况也是史实，所以历史所给予他的可说是东晋历代帝王所不具备的大好时期。遗憾的是司马曜喜好“黄老”，万事无为，就是在简文帝去世时，年幼的他也没有流一滴眼泪。晋孝武帝临朝以后，更是终日醉生梦死，好酒喜色。“淝水之战”后，他更听信谗言，为制约谢氏势力，而起用司马道子，终酿成了后来的司马道子之乱，而自己最后竟被妃子杀死。东晋一朝，实丧于司马曜之手。

东晋丧于司马曜之手，这一点是为史学家所公认的。司马曜，字昌明，关于他的字，在《晋书》中有这样的记载：“初，简文帝见谶云：‘晋祚尽昌明。’及帝之在孕也，李太后梦神人谓之曰：‘汝生男，以‘昌明’为字。’及产，东方始明，因以为名焉。简文帝后悟，乃流涕。及为清暑殿，有识者以为‘清暑’反为‘楚’声，哀楚之征也。俄而帝崩，晋祚自此倾矣。”《晋书》中的这段记载恐怕并非真实情况，只是后代的敷衍说法而已，但其结论却是正确的，即晋祚自司马曜而倾。

为什么说晋祚自司马曜而倾呢？首先司马曜的智商没有问题，这一点与晋惠帝以及继司马曜之后的司马德宗不同，这两位天子都是白痴，而且一个比一个痴呆得厉害。在智力没有问题的前提下，司马曜登基之初虽经桓温之乱，但桓温之乱平息后，谢氏辅政，谢安力求恢复东晋国力，在维护谢氏家族利益的同时，全力平衡其他门阀世族的利益，出现了谢氏与桓氏家族联手形式。“淝水之战”后，东晋更出现了前所未有的大好局面，在这样有利的情况下，身为天子的司马曜正当有所作为，以振国威。可惜，年幼登基的司马曜生长在崇尚黄老的环境中，缺少忠言规劝，因此处于有为之世，却取无为之道，终日以酒为友，以色为媒，与小人佞臣为伍，排挤忠臣，不仅错过了改变东晋命运的大好时机，更因用司马道子而加速了东晋的灭亡。

在司马曜时期，东晋皇室与世家的矛盾在淝水之战前，主要是皇室与桓氏之间的矛盾，在这方面，由于谢安从中平衡，因而得到缓和。“淝水之战”后，桓冲病死，谢氏的声望与势力迅速上升。尽管当时谢安已感到自己家族功名太盛，在战后未将因桓冲的死而空缺出来的荆、江二州刺史之职授予谢玄，而将荆州授予桓冲之侄桓石民，命桓石民弟桓石虔为豫州刺史，以维持各大族之间的势力平衡，稳定政局。但无论谢安如何避免，皇室与掌权的世家大族间的矛盾都是不可调和的。其时，谢安之婿王国宝为太原王坦之子。王国宝不学无术，所以谢安十分讨厌他。为了顾及到大族的颜面，只任命他为尚书郎。但王国宝却自以为出身名门，其官职应为更高，于是辞职，从而积怨于谢安。王国宝的堂妹是司马道子的王妃。于是王国宝谄媚司马道子，让他在司马曜面前离间谢安。此时孝武帝也对谢安心有忌惮，于是开始疏远谢安。不久，司马曜升谢安为太保，其目的是要架空谢安。谢安为避免朝廷中的争斗

交脚弥勒

再起，同时也为了守护谢氏家业，于是上书请求率兵北伐，以此为名，督扬、徐、江、荆、司、豫、兖、青、冀、幽、并、梁、益、雍、凉十五州诸军事，掌握了东晋的兵权。谢安出征后很快病逝。谢安死后，晋朝廷以司徒司马道子领扬州刺史、录尚书、都督中外诸军事。自此，道子继谢安掌权。司马道子弄权，门阀

势力的平衡被再次打破。

司马道子执政时期，政治腐败，在前秦瓦解，北方分崩离析时，东晋统治者不求进取，却只是苟安江南，毫无恢复中国的大志。孝武帝司马曜和司马道子，一君一相，整日以酣歌为务，官以贿迁，政刑谬乱。为一国之相的司马道子经常夜宴，总是喝得蓬首昏目，对于政事，除了紧握实权外，其他一概不管。

司马曜就这样在位二十多年，没有什么特别的建树，反将国家弄得民不聊生。他的存在不过是门阀政治的点缀而已。而司马曜的死，也为后世留下了一些悬念。《晋书》中记载："时谷贱人饥，流殣不绝，由百姓单贫，役调深刻。"后来，司马曜对司马道子独揽朝权的做法也有所不满，遂以王恭为兖州刺史、殷仲堪为荆州刺史、王恂为尚书仆射，以此张大皇室，钳制司马道子。

就在这时，公元 396 年，孝武帝突然死了。历史上对司马曜的死记载得很有戏剧性。当时，司马曜宠爱年已三十的张贵人。一天，他与张贵人在寝宫吃酒作乐。司马曜喝醉了，就对张贵人开玩笑说："爱妃你老了，过些日子我就要把你废入冷宫。"张贵人听后十分生气，于是乘司马曜酒醉，用被子蒙住司马曜，将皇帝闷死了。令人不解的是司马曜被张贵人杀害，按罪应处大辟，灭其三族，而执政的司马道子竟将这件"大逆不道"之事不了了之。这是什么原因？史书上就没有任何记载了。

六、另一个白痴皇帝

中国历史上有两个白痴皇帝，都出在晋朝。其一是晋惠帝，其二就是孝武帝长子，安帝司马德宗。晋惠帝与安帝，两位皇帝虽都天生愚痴，但晋惠帝不管怎么说，还知道自己是皇帝，脑子虽然痴呆一些，日常生活尚能自理，司马德宗则是一个彻底的活肉。《晋书》中说："帝（司马德宗）不惠，自少及长，口不能言，虽寒暑之变，无以辨也。凡所动止，皆非己出。"相比之下，晋惠帝在痴呆人群中算是优秀的，而司马德宗除了能喘气外，就什么也不会了。

司马曜被张贵人杀害后，司马德宗以太子的身份继皇帝位，会稽王司马道子为太傅，行摄政，由此司马道子更加放纵无所顾忌。为对抗王恭、殷仲堪等人，司马道子任王国宝、王绪。以王国宝为中书令，兼中领军，后又任他为左仆射，领选举、加后将军、丹扬尹，领东宫兵。于是，在内外失衡的情况下，司马德宗继位只一年，隆安元年即公元397年，兖州刺史王恭联合荆州刺史殷仲堪等，以讨王国宝为名起兵。司马道子无奈，只得诛王国宝，以去王恭起兵口实，于是王恭退兵京口。王国宝被诛杀后，司马道子用宗室司马尚之、司马休之兄弟，企图借宗室力量削弱地方门阀势力。同时，司马道子为防王恭、殷仲堪再次起兵，用自己的儿子司马元显为征虏将军，并率领卫将军府兵和徐州兵。司马道子的这些做法，在一定程度上有重立宗王，以抗门阀的意思。但他的意图并非为国，而只出于私利，不过是想以宗王势力取代门阀政治而已，并没有巩固皇室、加强皇权的意图，再加上其本人的昏聩无能，失败也就是必然的了。

不久，司马道子听司马尚之意见，用王国宝之兄王愉为江州刺史，并割豫州四郡，使王愉为督。实际上是用王愉去监视王恭。于是，王恭联合殷仲堪、桓温之子桓玄再度起兵。桓玄与其父桓温一样野心勃勃。他在荆州有很大的潜在势力，本已任命为广州刺史，调离荆州，但仍滞留荆州尚未赴任，有待机夺取荆州之心。王恭起兵，正合了桓玄心意。而王恭起兵，主要倚重北府兵。北府兵刘牢之门第低微，王恭出身于东晋第一号门阀，虽依靠刘牢之，却又以牢之出身而轻视他，这令刘牢之深怀怨恨。

司马道子得悉王恭、殷仲堪、桓玄再度起兵的消息后，惊恐得一时间不知所措，而其子司马元显颇有些才能。司马道子便以司马元显为征讨都督、假节，领兵讨伐王恭。司马元显利用王恭与刘牢之之间的矛盾，使人劝说刘牢之归顺朝廷，许事成后即以王恭的位号授他。刘牢之遂背叛王恭，投附司马元显，致使王恭兵败被俘，于建康被斩首。这时，杨佺期、桓玄的兵已到建康城外，殷仲堪则兵至芜湖。司马道子用桓冲之子桓脩的建议，用计拆散桓、杨、殷的联合。于是未经战斗，桓、杨、殷便撤军回荆州。

在这一时期的角逐中，司马元显登上了历史舞台。司马元显与司马道子不同，他很有野心。荆州兵退后，司马元显便谋篡司马道子之权。司马道子本来就身体有病，又每日酣饮，无日不醉。司马元显就使朝廷免除司马道子司徒、扬州刺史的职务，而自为扬州刺史。当时司马道子烂醉如泥，等他酒醒后才知道。司马元显是一个刚愎自用，且生杀任意的人。他想组建一支自己的军事力量，为解决兵源不足的问题，他“发东土诸郡免奴为客者曰乐属，移置京师，以充兵役”，结果军队未建，民心丧失，导致孙恩起义。

而在荆州的桓玄则起兵打回了建康。桓玄在建康剪除了司马道子和他的党羽，成为新的权臣。公元403年，桓玄令人写下让位诏书，然后拉着司马德宗的手走上朝堂，向满朝文武宣布司马德宗已经禅位于他。桓玄此举自然引发了其他门阀势力以及军阀的不满。接替刘牢之而成为

后赵·“石安韩丑”砖

北府兵将领的刘裕趁机将势力做大。公元404年，他起兵攻进建康。桓玄抵挡不住，带着司马德宗和家人败逃。刘裕紧追不放，夺得了司马德宗，将桓玄杀死。

刘裕得势后，也同桓玄一样，镇压了朝中的反对者，巩固了自己的政权，然后出兵将内乱彻底平定。当时在市井流传“昌明之后只二帝”的谶语。昌明自是指孝武帝司马曜。刘裕也想称帝，但又不敢冒犯天意，民间有谶语，那么“过场”还是要走的。于是他为了快点登上帝位，派人杀掉了司马德宗，把一直照顾司马德宗的弟弟司马德文拉上了皇位。

点 评

东晋兴于门阀，亡于门阀。一个国家自建立之日起，就有属于它自己的基本结构，这种结构将影响到这个国家的兴亡盛衰，是这个国家的基本特征。比如说，夏朝作为中国的第一个国家组织结构，其带有明显的氏族社会残余，因此在夏朝的历史上会出现“太康失国”与“少康中兴”。再比如汉朝的无为影响了汉武帝的大一统，藩镇割据影响了晁错的削藩。如果再说西晋的国家机构中问题出在了分封上与九品中正制度上，那么东晋的问题就出在“王与马，共天下”上了。门阀世族的强盛，促使在东晋时期，皇权不过是一种点缀而已，存在的价值就是用来平衡各门阀之间的关系。在这样的历史背景下，想要让东晋兴盛，就要处理平衡好各门阀家族之间的关系，要是忽视门阀这一社会支柱而打破平衡，就必然引发社会的动乱。而门阀政治的消亡，也是由于门阀政治自身的特点所决定的。那就是所有的大族门阀所忠的都是自己的家族利益而已，所以互相排斥挤压，最终的结果就是各门阀在相互厮杀中力量丧尽，取得强势的门阀家族消灭了处于劣势的门阀家族，各门阀家族的力量就在这种永无休止的内耗中被消磨了。

相关链接

陶侃起业

陶侃，字士行，是一代名将，他在东晋的建立过程中，在稳定东晋初年动荡不安的政局上颇有建树。陶侃原籍鄱阳，后迁居庐江郡寻阳县，溪族人。陶侃的先辈，史书上记载不详。只知其父陶丹，孙吴时曾当过边将，官至扬武将军。扬武，系杂号，地位并不高。

陶侃出身贫寒，年少时因父早亡，家境竟至“酷贫”，与母亲湛氏相依为命。湛氏性格坚强，她培养了陶侃“少长勤整，自强不息”的性格。陶侃年轻时当过寻阳的“鱼梁吏”。一次，鄱阳郡孝廉范逵途经陶侃家，时值冰雪积日，陶侃仓促间无以待客。湛氏截发换得酒肴，陶侃“斫诸屋柱”为薪柴，终于备得一桌“精食”。次日，陶侃又追送范逵百余里。

范逵受到感动，遂向庐江太守张夔推荐陶侃。张夔于是召陶侃为督邮，领枞阳令。后因政绩，在县功曹周访的荐引下当上县主簿，才开始摆脱充当贱役的地位。陶侃很看重张夔的知遇之恩。“夔妻有疾，将迎医于数百里。时正寒雪，众僚属皆面有难色，唯有陶侃独请行”，于是陶侃即被张夔举为孝廉，从而有了进入洛阳与上层名流结识的机会。

元康元年，惠帝后贾南风发动政变，“八王之乱”开始。大约在公元296年，陶侃来到了洛阳。受“上品无寒门，下品无士族”的九品中正制的影响，没有权门当靠山，又出身异族，身份卑微的陶侃仕途坎坷，一直没有什么进展。直到赵王伦废贾后以后，陶侃受到当时江东士族纷纷返家乡气氛的影响，也准备南下。此时适经朋友推荐，得补任武冈县令。武冈是荆州南部的一个小县。此时陶侃已经四十多岁。陶侃到任后，与太守吕岳的关系很紧张。不得已，只好弃官回家。其后，他又当过郡小中正。如果不是晋末江南的动乱给他以跻身戎旅的机会，恐怕他终生也只能当个县令之类的小官。

八王之乱的力量也波及到了江南，引起了江南的动荡不安。这为陶侃施展才干提供了机遇。西晋末年，秦、雍一带的人民因天灾和战乱，大量流徙到梁、益地区“就食”。永宁元年流民因不堪当地官吏欺压，聚众起义。西晋朝廷忙调集荆州武勇开赴益州。被调发的荆州武勇不愿远征，加之受到当地官吏驱迫，遂转而屯聚起事。太安二年义阳蛮张昌聚众，在江夏起义，攻下江夏郡，旬月之间，众至三万。朝廷即派南蛮校尉、荆州刺史刘弘率领军队前去镇压。刘弘知陶侃才干，所以刘弘上任后，即重用陶侃，辟陶侃为南蛮长史，命他为先锋开赴襄阳，讨伐张昌。陶侃连战皆捷，终将这次起义镇压下去。陶侃在军事上显示的才干是刘弘所没想到的，于是，他对陶侃说："吾昔为羊公参军，谓吾其后当居身处。今相观察，必继老夫矣。"也就是说，刘弘自以年老难继羊祜功业，因此希望有才能的陶侃在荆州有所作为。得到了刘弘的信任，以后陶侃果然当上荆州刺史。

江左风云多变幻，昌明之后有二帝。

第九章
东晋的灭亡

一、桓玄与司马道子之乱

桓玄字敬道，一名灵宝，是东晋桓温少子。他性类桓温，因得桓温喜爱。桓温临终，命他继嗣，袭爵南郡公，时年五岁。桓玄守丧三年，七岁时守丧期满，此时谢安当政，桓温原属下文武佐吏在这样的政治情况下都来向桓玄叔父桓冲告别。桓冲见到站在身边的桓玄，一时感触，抚摸着桓玄的头对他说："他们都是你家的故吏啊！"桓玄闻言痛哭，声动左右，众人无不惊异。

数年后，桓玄长大成人，一表人才，博学多才。当时朝廷也有所顾忌，朝臣纷纷议论桓温不臣之迹，桓玄兄弟因此遭到排挤，而不加重用。桓玄直到二十三岁，才被拜为太子洗马。在东晋朝廷上做些无权的闲官而已。一次，桓玄去拜见琅邪王司马道子。当时终日饮宴的司马道子又在高饮，厅中宾客满座。司马道子见桓玄，此时已有醉意，突大声问众人："桓温晚年反叛，是也不是?"桓玄一听，顿时汗流浃背，拜伏于地，不敢起身。多亏此时的琅邪王骠骑长史谢重出面解围，回答说："已故宣武公废昏立明，功过伊尹、霍光，今人议论种种，应有所识别。"司马道子听后，这才点头称是，桓玄这才得以解脱。

不久，桓玄出补义兴太守。一天，桓玄登高眺望震泽，愤懑叹息说：“父为九州伯，儿为五湖长！”此后，闲居江陵，优游无事。荆州是桓氏发迹之地，桓氏兄弟子侄先后任荆州刺史数十年，故吏宾客遍布荆楚各地，根深叶茂，人多势众。其时的荆州刺史殷仲堪是一个玄学名士，资望不深，对桓玄也甚敬畏。一天，桓玄骑马到刺史厅前，手持马鞭在殷仲堪面前挥舞不停，摆出一副要刺杀的架势。桓玄此举，无疑是想驱逐殷仲堪。殷仲堪的中兵参军刘迈见状，出言讥刺说：“君的马技有余，而义理则不足。”桓玄不乐，转身而回。殷仲堪知桓玄性格，等桓玄离去，怕桓玄刺杀刘迈，让刘迈赶快回建康躲避。果然，桓玄派人来追杀，刘迈因殷仲堪才勉强逃脱。

公元 396 年九月，晋孝武帝被张贵人杀死，太子司马德宗即位。司马道子专制朝政，一天到晚喝得昏头昏脑，不问政事，用王国宝与从弟王绪专权。一时间太原王氏威震内外，欲削弱藩镇兵权，加强中央实力。消息传出，内外骚动。王恭与殷仲堪、桓玄以诛王国宝为名，共同起兵。司马道子杀王国宝、王绪以释众怒，王恭遂罢兵。事后，桓玄趁机提出要做广州刺史。司马道子在这种情况下就任命他为假节、建威将军、平越中郎将、督交广二州诸军事，兼广州刺史。桓玄受命，却并不赴任，仍留居江陵，以待时机。

第二年，兵锋再起。王恭联合豫州刺史庾楷，以讨伐江州刺史王愉及谯王司马尚之兄弟为名，再次起兵京口。桓玄、殷仲堪一齐响应，共推王恭为盟主。殷仲堪拨出五千军马给桓玄，命南郡相杨佺期与桓玄同为先锋，自己率兵二万殿后，挥兵沿江东下，直达湓口，将王愉擒拿。随后桓、杨乘胜直驱建康，大败台军于白石，又与杨佺期进军横江。此时，司马道子的儿子司马元显收买了王恭的北府兵名将刘牢之。刘牢之倒戈，王恭、庾楷兵败，王恭被杀，庾楷投奔了桓玄。其后，司马道子采纳桓冲之子桓脩的建议，任命桓玄为江州刺史，杨佺期为雍州刺史，桓脩为荆州刺史，而贬黜了殷仲堪，改为广州刺史。殷仲堪一听诏命，大为恼怒，立即催促桓玄、杨佺期进兵。桓玄、杨佺期得到好处，不愿出兵。殷仲堪一气之下回军荆州，欲回江陵屠杀桓玄以及其他部将的家人。桓玄等大惧，迅速撤退，至寻阳赶上了殷仲堪。由于利害关系，桓玄、杨佺期、殷仲堪三人在寻阳重新结盟，推桓玄为盟主，共同约定，不接受朝廷诏命。而后，三人又联名上书，为王恭伸冤，要求处死司马尚之、刘牢之等人。司马道子无奈，这才恢复了殷仲堪的荆州刺史。桓玄则在这次起兵中取得了江州。

这样桓玄想要进一步扩张自己的势力，就必须要兼并殷、杨。殷仲堪也同样担心桓玄，遂与杨佺期结为婚姻。殷、杨二人联合后，桓玄害怕被消灭，则立即上书朝廷，要求扩大都督区，壮大实力。司马道子、司马元显父子也想借机挑拨三人间的矛盾，以达到坐收渔翁之利的目的，遂下令分杨佺期所督长沙、衡阳、湘东、零陵四郡归桓玄管辖，又以玄兄桓伟取代杨佺期之兄杨广为南蛮校尉。杨佺期接到诏书，即刻调集人马，声称援救洛阳，暗中却想联合殷仲堪共击桓玄。而殷仲堪却另有心思，他畏惧杨佺期兄弟骁勇，难以对付，担心桓玄一旦被灭，杨氏兄弟反加害自己，故极力予以阻止。杨佺期孤掌难鸣，只好偃旗息鼓。

隆安三年，荆州发大水，殷仲堪为赈恤饥民，仓库空竭。桓玄趁机出兵西上，火并殷、杨。首先袭取了囤积粮草的巴陵，继而进兵杨口，败殷仲堪之侄殷道护，随后占领距江陵二十里的零口。殷仲堪急召杨佺期相救，但终因粮草奇缺而惨败，双双为桓玄所杀。就这样，桓玄完成了控制扬州上游的全部过程。此时，浙东一带的农民起义正风起云涌，朝廷忙于派兵镇压，无暇西顾。加之桓氏子弟布列朝野，势力强大。于是桓玄随即上表朝廷，求领荆、江二州刺史，朝廷无奈，只得同意。此后，桓玄独霸荆楚，广树心腹，自以为东晋天下三分有其二，于是踌躇满志，使人替自己上祯祥、献符瑞，有问鼎之心。

公元401年，桓玄派人切断长江航运，致使建康漕运不佳，公私匮乏，官军士兵不得不以谷皮、橡子充饥，给司马元显造成严重困难。公元402年，司马元显以镇北将军刘牢之为前锋都督，以前将军谯王司马尚之为后部，称诏举兵伐玄。官军尚未出发，在朝中为太傅长史的桓玄堂兄桓石生，及时将消息通知给了桓玄。桓玄得知司马元显兴师问罪，原打算固守江陵。长史卞范之献计说："公威名远扬，谋略震动天下，如果兵临京畿，恩威并施，则司马元显土崩瓦解之势可翘足而待，怎么能引敌入境而自削己势呢?"桓玄听后，留下桓伟

东晋·加彩女陶俑

守江陵，上表朝廷，率师沿江东下。

司马元显听说后，竟吓得不敢用兵。而桓玄兴师本甚失人心，自觉以下犯上，唯恐将士不为所用。及至兵过寻阳，不见司马军之踪影，不禁大喜过望，沿路如入无人之境。兵抵姑孰，先败谯王司马尚之，随后襄城太守司马休之弃城而逃，兵屯洌州的刘牢之敛手归降。于是，桓玄挥兵直驱建康城外的新亭，司马元显不战自溃，弃船逃回京城，终被桓玄所擒。

桓玄攻入建康后，杀了司马元显、谯王司马尚之、尚之之弟恢之、允之及庾楷父子等人，下令流放司马道子到安成郡，司马道子未发，即被毒杀。而刘牢之的兵权也被解除。排除异己后，桓玄开始布置亲信力量。任命桓伟为安西将军、荆州刺史，领南蛮校尉；堂兄桓谦为左仆射，加中军将军，典掌选举；桓脩为右将军、徐兖二州刺史；桓石生为前将军、江州刺史；心腹卞范之为丹阳尹，王谧为中书令、领军将军。同时改年号为大亨，自己辞去丞相之职，自署太尉，领平西将军、豫州刺史，并给自己加以剑履上殿、入

青瓷羊圈

朝不趋、赞奏不名的殊礼。此时，桓玄想要篡位还要一个准备过程。于是他暂时出镇建康的西南门户姑孰，朝中大事都要向他请示报告，小事则由桓谦、卞范之处理。

桓玄当权之初，为收拢人心，还能有所作为，政治颇有起色。他黜凡庸之辈，远奸佞之臣，选用贤才，时局有所好转。可好景不长，不久，他就露出了原形。奢豪之态复萌，政令无常，朋党互起。不久，一连串的打击又接踵而至。桓玄兄荆州刺史桓伟最受桓玄信赖，被视为左膀右臂，此时突然病死。桓伟一死，桓玄顿感孤危。不久，殷仲堪的余党复起。新野人庾仄合众七千，起兵襄阳，南蛮校尉庾彬等人谋为内应，一同赶走了守将冯该。桓玄之侄桓亮便以讨伐庾仄为名，乘乱起兵罗县，自称平南将军、湘州刺史。这两次事件虽很快被平定下去，但却给桓玄以巨大的精神压力。

就在这样的时刻，桓玄于公元 403 年十一月，派临川王司马宝逼晋安帝写禅让诏书，并夺取玉玺。十二月三日，桓玄即皇帝位于姑孰，改年号为永始。迁晋安帝于寻阳，封为平固王；追尊其父桓温为宣武皇帝，庙号太祖；立其妻刘氏为皇后，大封桓氏兄弟子侄为王，文武加官晋爵，完成了他篡国之举。随后桓玄迁居建康宫，修缮宫室，大兴土木，催促严急，上下疲于奔命，朝野不得安宁。

公元 404 年二月，建武将军刘裕与何无忌、刘毅等在京口起兵声讨桓玄。三月，刘裕军攻入建康，桓玄挟持晋安帝逃往江陵。五月，刘毅等部跟踪追讨，桓玄自江陵急率舟师两万东下，双方大战于武昌附近的峥嵘州。其时，桓玄所率将士数万，对方不满万人，桓玄心无斗志，竟然在座舰旁边停了几艘快船，以备败逃，这样的情况，全军的斗志也自然低落。刘毅乘风纵火，率军奋勇出击，以拼死之师克无力之军，于是大获全胜。桓玄命人烧毁辎重，连夜狼狈逃去。桓玄再度战败后，本想奔汉中，屯骑校尉毛修之诱桓玄入蜀。桓玄行至枚回州，遇益州参军费恬等阻击，益州督护冯迁抽刀将桓玄斩首。同时被杀的还有桓石康、桓偹等人，桓昇被执，斩于江陵城。桓玄死时三十六岁。桓玄篡晋，东晋门阀政治拨弄出了颓废的尾声。桓玄从称帝到兵败出逃，共经八十天；而从称帝到被杀，也不过是只当了不到半年的皇帝。桓玄死后，其堂兄桓谦、桓石绥等人仍坚持抗争达五六年之久，至公元 410 年才宣告全部失败，桓氏家族也同时彻底覆灭。

二、晋末的北府兵

在东晋的历史上有一支影响东晋兴衰的重要军事力量，这就是北府兵。北府兵为郗鉴南渡后所创，本是驻守在徐、兖，护卫建康的重要军事力量。当时王敦、苏峻叛乱相继，由于建康没有强大的军事力量护卫，上游叛乱者动辄下都，直接威胁到了东晋朝廷的存在。在这种历史背景下，郗鉴组织广陵、京口及其左近定居的北方流民，建北府重镇。此后北府兵伴随着东晋内外政治的变化，也经历了不同的发展阶段，其间曾被撤销，而后又重建。

从咸和三年到太和四年这四十年的时间里，北府一直被郗鉴及其后人控制。这一时期的北府兵是一支门阀世族部队，虽偶尔也被用于对外战争，但主要的作用是维持几家当权士族力量的平衡，支持建康朝廷的门阀政治，消除已形成的和潜在的军事叛乱，从而稳定东晋政局。但北府兵的这一作用于桓温反叛时，逼走郗愔后而告结束。

桓温叛乱平息后，谢氏辅政，又重建北府。北府兵的发展进入了新的阶段。谢氏重建北府兵后，在淝水之战前，北府兵参与淮南、淮北的战争，由谢玄指挥。淝水之战中，谢石受其兄谢安之遣，以将军、假节、征讨大都督，统率兄子谢玄、谢琰以及豫州刺史桓伊等军应战，从而大破前秦。淝水之战后，谢安开始组织北伐，谢玄为前锋都督。淝水之战后不到两年，谢安为躲避皇帝和宗室的压力，离京师外驻广陵，亲自指挥北伐。在这一阶段，约十年的时间里，北府兵驰骋疆场，纵横南北，其中最重要的将领是出身谢氏豫州军府的刘牢之，而指挥权则在谢氏家族手中。此时北府兵的作用主要是从事外战。但同时，北府兵也起着支持建康执政，维持政局稳定的作用。

谢安离京后三年，谢玄又退居会稽，以疾病为借口卸北府之任，让出北府兵权。就这样，谢氏面对晋室与宗王的压力，在毫不反抗的情况下放弃了相权和兵权。谢氏这种做法的本意是为了在保全自己家族利益的同时，平衡各门阀世族与晋室以及宗王之间的关系，避免发生内乱。但谢氏离开中枢的结果是相权完全归于宗室司马道子之手，而北府兵逐渐解体。自谢玄卸北府之任后，北府将帅分散于淮北、淮南各州郡及其他军府，不再自成系统，更不能合力应战。

太元十二年正月，谢玄自彭城南返会稽，让出了兵权。此后，皇室与宗室都想掌握北府。但在谢玄北伐的过程中，北府兵将也随之北上，而谢玄南返后，北府兵将却多滞留在北方。这样无论是皇室还是宗室，想要真正掌握远镇在外的北府兵都只是空有形式，而并无实质。朝廷先是派宿将朱序监兖青二州军事、二州刺史，接替谢玄。而朱序虽为桓温旧部，将家出身，资望甚深，但于北府却没有多少历史关系，难以节度指挥留驻淮南、淮北的谢氏旧将。

结果只在任四五个月，朱序就于太元十三年四月转赴雍州，成洛阳。兖、青二州，朝廷则改派谯王司马恬继任。司马恬是宗室勋望，才能兼备，为孝武帝亲信。孝武帝用司马恬，除防备荆州外，也有削减司马道子力量的用意。

谯王司马恬也起不了实际控制远在北方的北府诸将的作用，所以改镇京口，打算在京口重新配置力量，以护卫建康。司马道子知谯王恬据守京口，为维护他自己的势力，他于第二年七月用自己的亲信，太原王忱出刺荆州镇江陵，取得了上游。可不久，谯王司马恬病死，孝武帝又乘机以皇后兄、太原王恭接替了司马恬的位置。王恭与孝武帝关系之密切，远胜于谯王恬。这样，孝武帝就牢牢地控制住了京口。

成汉·陶侍俑、陶文吏俑

孝武帝被张贵妃突然杀害，这使形势为之大变。司马道子独揽朝权，而被孝武帝派往京口的王恭一下子失去了稳固的政治实力。为了保存自己，对抗司马道子，王恭只好以其独有的身份倚重北府。为了筹划讨伐王国宝，王恭以北府宿将刘牢之为府司马，引他还驻京口以为援助。与刘牢之同还京口的北府将，还有晋陵人孙无终等，而刘裕当时正是孙无终军中的司马。于是长期被置于边裔的北府将纷纷率部南返，分投京口与建康，参与到了东晋末年的江左内争之中。

京口由于有了还驻的北府兵，于是又恢复了对建康举足轻重的地位。不过，刘牢之虽引所部北府兵归于王恭麾下，但王恭并无徐州刺史之名，也未授平北将军一类军号，所以他在名义上并不能直接指挥北府，只有倚靠刘牢之才能自存，才具有震慑作用。此时刘牢之所统率的北府兵也仍然是一支为门阀政治所用的军队而已。但不久，情况就又有了变化。司马元显收买了刘牢之，答应由刘牢之取代王恭的地位。刘牢之遂投靠司马元显，导致王恭兵败被杀。事后刘牢之果然取代了王恭的地位，由王恭府司马上升为都督数州诸军事。刘牢之身份的改变，表明在这场角逐中，北府兵摆脱了世族控制而成为一支独立的力量，这是北府兵一次具有历史性的转变。

居位后的刘牢之也并不能自如地运用其北府统帅的权力。《刘牢之传》中说："牢之本自小将，一朝据恭位，众情不悦，乃树用腹心徐谦之等以自强。"因此，刘牢之想要控制北府还要有一个过程。此时的北府兵虽在军事上取得了独立性，但其政治方向并不明确，行动无准则。刘牢之为维持自己的地位，在门阀政治的斗争中投机，朝秦暮楚，时而投靠司马氏，时而倒向桓玄。最后，刘牢之完全失败，穷途自缢，其所率北府的高级将领，皆被桓玄斩杀。

刘牢之的失败并不是北府的终结。桓玄行篡位之事时，刘裕利用京口的条件，于公元 404 年重兴北府之师。此时的北府已非刘牢之时之北府。除刘裕本人确曾为北府孙无终司马、刘牢之参军外，其他与刘裕共义的刘毅、何无忌、魏咏之、檀凭之、孟昶、诸葛长民等人并不是那些当年有疆场功勋的北府将领，他们与昔日的北府没有直接关系。此时的北府兵已完全是一支次等世族的武装。刘裕统率这支武装摧毁了以桓玄篡晋形式出现的门阀世族统治，铲平了由另一些次等世族领导的农民反抗斗争，又在取得了多次的外战胜利后，终于代晋自立。至此，北府之师转化为刘宋的皇权，中国历史上的门阀政治也基本上宣告结束。在其后的南朝时期，门阀世族虽仍然存在，并起着相当的政治作用，但已不是起决定性的政治力量了。

三、“五斗米道”起义

司马道子昏聩无能，司马元显倒行逆施，父子两人虽都在极力维护司马氏宗族的利益，但他们的才能高不过他们的野心，一系列错误的政治举措终于引发了“五斗米道”起义。

五斗米道的渊源甚远。其创立者是东汉末年的张道陵，即道教徒所信奉的张天师。张道陵在蜀郡鹄鸣山中造作道书，创立五斗米道。因张道陵及其信徒用符咒给人治病，事后只索取五斗米作为酬劳，于是民间唤其法师为“五斗米师”，其道为五斗米道。张道陵后，传教给儿子张衡，称“嗣师”，张衡又传其子张鲁，称“系师”，这就是道教中的“三师”。东汉末年，天下大乱。张鲁据汉中，建立起政教合一的汉中政权，修筑义舍，设立义米，给过路人食宿之用。在战乱中走投无路的贫民大批投奔张鲁，张鲁因而声势大振。公元 215 年，张鲁投降了曹操，曹操给了他很高的地位，于是五斗米道得到了更广泛地传播。

自古以来，天下乱而术士兴，天下昌而民安乐。五斗米道的兴起正是因为自汉末以后，天下未曾久安。孙恩是琅邪人，其家世代为五斗米道信徒。孙恩叔父孙泰，是著名传道师杜子恭的弟子。杜子恭死，孙泰袭位。孙泰善于鼓动，百姓一时间将他奉为神明，不惜竭尽家中所有以侍奉，甚至有人将子女交给他，祈求福庆。司马道子担心孙泰为乱，将孙泰流放至广州。在广州，孙泰得到信奉五斗米道的广州刺史王怀之的关照。王怀之让孙泰代理郁林太守。不久，太子太傅王雅向孝武帝推荐孙泰，说孙泰有养生妙术，可以长生。孝武帝遂将孙泰召回建康。而司马道子对此不以为然，复将孙泰派为徐州主簿。孙泰于徐州继续鼓动人心，很快就迁升为辅国将军，新安太守。

在司马道子与王恭争斗时，孙泰趁机起兵，召集信徒数千人，称为义兵，参与讨伐王恭。这一策略十分成功，因为他不仅避免了一开始就与朝廷冲突，更在一定程度上得到了朝廷的认可。当时，就是司马元显也多次去向孙泰请教长生秘术。孙泰于是大肆发展信徒，建立组织，准备起事。孙泰的举动早就传到了朝中，只是因孙泰与司马元显关系密切，朝臣畏祸，一时闭口不言而已。后来会稽内史谢輶将此事告知司马道子，孙泰遂被司马道子擒住。

青釉褐斑蛙尊

孙泰被捉，孙恩带信徒逃往海岛。后孙泰被杀，信徒多感困惑，不明长生之人何以被杀。孙恩蛊惑说，孙泰并非是死，而是退登仙界，方解疑惑。孙泰死后，孙恩成为教派首领，继续宣传五斗米道。就在此时，司马元显为组建自己的军队，调东西各郡“免奴为客”的人到京城当兵，号称“乐户”，引起了东南地区百姓的骚动，于是孙恩趁机叛乱。公元399年十月，孙恩从海上登陆，攻打上虞，杀死县令。而后又攻打会稽，会稽内史王凝之也是五斗米道信徒，他消极抵抗，最后与其子皆为孙恩俘虏斩杀。随后，会稽、吴郡、吴兴、义兴等八郡百姓群起响应，只十天，孙恩就得众十万。

出行图砖画（局部）

孙恩居会稽，自称征东将军，称部众为“长生人”，鼓噪一方，大有动摇晋室之势。当时会稽、吴郡、吴兴号为“三吴”，是东晋经济文化最发达的地区。因荆州、益州、江州等西部地区长期被军阀割据，东晋朝廷政令只能施行于东南地区，所以朝廷的赋税、消费都依赖“三吴”。连年的内乱，致使“三吴”地区百姓受尽剥削压迫，因而孙恩能一呼万众，旬日而起。他披着宗教外衣，利用民众的积怨与盲目，借助最原始的反抗力和破坏力，企图实现自己的野心。孙恩曾对部下扬言："天下大事已定，我与众人该进建康城享福去了。"积怨与盲目后的报复是野蛮兽性的。其时，暴民们捉到县令，将其杀死，令其妻子子女吃食其肉，不吃的就被砍断手脚，就是婴儿也不能幸免。

东晋朝廷派卫将军谢琰、镇北将军刘牢之征讨孙恩。孙恩所部都是乌合之众，在官军的打击下，节节败退。孙恩令徒党在各郡烧仓库、毁房屋、塞水井、砍林木，掳掠妇女、财物，集中于会稽。后孙恩听说刘牢之军已渡过浙江，就带领信徒及掳掠的二十余万人口及珍珠财宝，逃往海上。孙恩出海，司马氏正与桓玄争斗，于是调走刘牢之，留下薄弱的兵力归谢琰指挥，镇守会稽。孙恩闻刘牢之撤走，会稽空虚，遂于第二年第二次登陆，从浃口进入余姚，攻占上虞，进至会稽。谢琰于此时战死，致使朝廷大震，派北府精锐堵击。孙恩故伎重施，掳掠一番之后，又退回海岛。

公元 401 年二月，孙恩第三次登陆，在攻海盐时，为晋将刘裕击败。五月，孙恩攻陷沪渎，杀死吴国内史袁山松。六月，攻至丹徒，众至十余万，楼船千艘。但毕竟都是一群海匪，结果，被跟踪而上的刘裕军击败。孙恩收集败兵，径向京城，至京口，知道京城有准备，于是由郁州退回。一年后，孙恩第四次登陆，在攻打临海时被临海太守辛景山击败。孙恩自认为已是穷途末路，便投海自杀了，其妻妾徒党一百多人跟着他跳海而死。而当年被孙恩掳掠到海岛的二十余万人，在这三四年间，或战死溺死，或被贩卖为奴，到孙恩死时，就只剩下数千人了。

孙恩死后，余众推孙恩的妹夫卢循继续为乱。公元 403 年八月，卢循在攻打永嘉时为刘裕所败。卢循被迫渡海南走，攻占番禺，于公元 404 年十月攻广州，驱逐刺史吴隐之，自摄州事，号平南将军。从而在广州称雄割据。此时荆扬地区动荡，刘裕刚击败桓玄，正忙于与桓玄余党争斗，扫清其他门阀势力以及北伐，以树立自己的威望，还没有精力顾及广州。这让卢循能偏安五六年的时间。公元 410 年，卢循率十万兵北伐，逼近建康，又为刘裕击败。公元 411 年，交州刺史杜慧度击败卢循，卢循投水自杀。

四、刘裕灭晋建宋

刘裕，即日后的宋武帝，字德舆，小名寄奴，其先祖是彭城人，后来迁居京口。出身贫寒，年轻时干过力气活，做过小买卖以赚钱养家糊口。但动荡的时代给了他机遇。在战乱中，刘裕投身北府，因骁勇多智而被孙无终赏识。桓玄击败司马道子后，清理北府名将，因当时刘裕有才而又身份低微，遂未被杀害，成为桓玄剪除刘牢之旧部后所重用的对象，刘裕的命运也自此发生了巨大的改变。

桓玄称帝后，知道刘裕的军事才能，一直想用他平定中原。当时有人对桓玄说："刘裕龙行虎步，视瞻不凡，恐不为人下，宜早为其所。"桓玄却回答："我方欲平荡中原，非刘裕莫可付以大事，关、陇平定，然后当别议之耳。"也就是说，桓玄并不是不想杀刘裕，只是他知道，自己已经杀了北府旧将，此时能平定中原的就只有刘裕一人。他不过是想在关、陇平定后再杀刘裕罢了。但就是桓玄这种心态，终于养虎为患。

公元 404 年二月，刘裕以游猎为幌子，与何无忌等召集部众，联合了魏咏之、檀道济、周道民、田演等二十七人率众起兵，重建北府，在京口、广陵杀死了桓修和桓弘。自刘裕起兵后，桓玄知“刘裕是为一世之雄”，故天天忧惧不安。不久，刘裕与吴甫之会战于江乘，吴甫之战败被杀。接着，刘裕进军至罗落桥，与桓玄部下皇甫敷激战，刘裕军愈战愈勇，所向披靡，最后皇甫敷兵败被斩。桓玄听得战报，派桓谦屯兵东陵口，卞范之屯覆舟山西，兵有两万。刘裕率其部饱食之后，将所有余粮全部扔掉，以作破釜沉舟之计，轻装上阵，进到覆舟山东，于山上遍插旗帜，作疑兵之计。双方交战后，刘裕镇定自若，冲杀于前阵，于是，士兵无不殊死奋战，以一当百，最终大破桓玄军。

桓玄见大势已去，留殷仲文守住石头城，自己率子弟沿长江南下。刘裕击败桓玄，从而掌握了朝廷。随后，刘裕追击苟延残喘的桓玄，在峥嵘州又再次将其击败。桓玄不久在益州被杀，刘裕则又用了五到六年的时间剪除了桓氏的残余势力。公元 411 年，刘裕又平定了长达十年之久的孙恩和卢循领导的五斗米道暴动，长江以南由此得以平定。

刘裕平定内乱后，大有收复中原之心。其实，在与桓玄残余势力和卢循交战的同时，刘裕就已经开始北伐，意在收复中原，树立个人威望，以期代晋，做中华真正的主人。公元 409 年二月，南燕王慕容超大掠淮北，阳平太守刘千载、济南太守赵元都被其抓去，数千家百姓被掳，边境再次告急，刘裕遂出师北伐。四月从淮入泗，五月到下邳，六月即击败慕容超，困慕容超于广固。次年二月，广固城被晋军攻下。慕容超逃跑时被抓，被送往建康斩首，南燕王公以下数千人被俘，南燕灭亡。

公元 416 年八月，刘裕兵分五路，又一次率军北伐，攻打后秦。新野太守朱超石、宁朔将军胡藩趋阳城；龙骧将军王镇恶、

刘裕像

冠军将军檀道济趋许、洛；建威将军傅弘之、振武将军沈田子趋武关；冀州刺史王仲德，由巨野入河；建武将军沈林子、彭城内史刘遵考，自汴入河；九月，刘裕自己率所部驻扎彭城，加领徐州刺史。十月，众军到达洛阳，包围了金墉，姚泓弟弟平南将军姚洸归降。晋军修复晋王陵，置守卫。公元417年正月，刘裕以子彭城公刘义隆镇守彭城，自己率水军入河。北魏步骑十万，占据河津，刘裕命诸军渡河击之。七月，刘裕由洛阳到达陕城。八月，扶风太守沈田子大破姚泓于蓝田，王镇恶也攻占了长安，活捉了姚泓。九月，刘裕也到达长安，谒汉高祖刘邦陵，大会文武于未央殿。

当时长安城内物资丰富，币藏盈积，刘裕完全可以乘胜前进，平定陇右，恢复中华。而就在此时，刘裕的心腹刘穆之发病而死。消息传到长安，刘裕望北痛哭，知再无望收复中原。原来，刘穆之一死，刘裕后方就失去了支撑，为防止此时朝廷会有人趁机夺权，所以刘裕只能虎头蛇尾，急忙赶回建康了。

刘裕回建康后开始抓紧篡晋。公元418年，刘裕受封为相国、宋公。年底他缢死了晋安帝司马德宗，改立司马德宗的弟弟司马德文为帝。一年半后，刘裕又迫使司马德文禅位给自己。司马德文欣然谓左右说："晋氏久已失之，今复何恨。"乃书赤纸为诏。公元420年六月，刘裕正式称帝，国号为宋，改元永初，定都建康，史称宋武帝。东晋由此灭亡。

刘裕称帝后并没有放过司马德文。他先封司马德文为零陵王，居于秣陵。司马德文也同样担心被害，当时褚后一直保护着司马德文，刘裕不愿被人直接指骂，于是未敢妄动。平日里，褚后不离司马德文左右，饮食所资，褚后都要亲自过问。最后，刘裕实在沉不住气了，诏褚后兄叔请后，褚后出见兄长，刘裕派出的杀手趁机翻墙入户，弑杀了司马德文。司马德文时年三十六，死后葬于冲平陵。

点 评

古往今来，往往以成败论英雄。所以史书上对司马道子父子多为批驳。其实，司马道子一老一少，虽非大忠，也非大奸。他们所做都是为了维护司马家族的利益。只是司马道子才能有限，而司马元显统兵之时年仅十六岁，少年得志，有胆识而少圆滑，处事往往锋芒过甚，思虑不密。本来，司马元显征兵，本为维护中央权势，但不想适得其反，引发了一连串的政治问题。桓玄出兵时，他又确实是乳臭未干，正是"关键时候掉链子"，缺少足够的智谋与勇气攻击桓玄。在政治斗争中不容许犯错，一步错而步步错，终于一败涂地，身首异处。至于司马道子父子的野心，从古到今，人居高位，而能急流勇退者少之又少，无野心之人，实在是凤毛麟角。只不过，处于动荡乱世，本无回天之才，却处中流之位，力不能扛鼎，以护宗庙，那就是一种罪过了。这种罪，为上天所赐，非人力所能挽回。

相关链接

恭帝司马德文

恭帝司马德文是安帝司马德宗的胞弟。在位一年半被废，第二年被杀，终年三十六岁。初封琅琊王，历中军将军、散骑常侍、卫将军、开府仪同三司，加侍中，领司徒、录尚书六条事。元兴初，迁车骑大将军。桓玄执政，进位太宰，加兖冕之服，绿綟绶。

司马德文小的时候性颇急躁，被封为琅琊王后，曾令善射者射马为戏。不久有人对他说："马是国姓，杀马为戏，不祥之极。"司马德文听了，猛然醒悟，十分后悔。以后，他开始信浮屠道，造丈六金像，亲自步行十余里，迎于瓦官寺。而安帝性痴呆，生活不能自理，吃饭不知道冷热，这些都是由司马德文照顾。

桓玄篡位，以司马德文为石阳县公，与安帝同居寻阳。桓玄败死，桓振至司马德文与安帝居处，跃马奋戈，直至阶下，瞪着眼睛对安帝说："臣门户有什么地方对不起国家的，而被屠灭到这种程度?"司马德文见状，对桓振说："这些难道是我兄弟的意思?"桓振知杀桓玄实为刘裕，只是一时无处出气而已，听了司马德文的话，感到理亏，于是下马致拜。

桓振被击败后，司马德文又恢复了琅琊王的身份，领徐州刺史，被拜为大司马，领司徒，加殊礼。刘裕北征时，司马德文曾上书，与刘裕同行。公元418年十二月，安帝被刘裕缢死，葬于休平陵。司马德文被推上帝位，成为东晋最后一帝。公元420年夏六月，刘裕至京师，令司马德文草诏禅位。司马德文对左右说："晋氏久已失之，今复何恨。"于是退位，不久被刘裕所害。

明帝以后的东晋皇帝

晋成帝司马衍，晋明帝与庾皇后所生之子。其父晋明帝早死，公元525年，年方五岁的司马衍继位。晋成帝继位后，由其母皇太后庾氏秉政，而当时，东晋朝廷的真正权力在其大舅庾亮手中。晋成帝的一生毫无作为，东晋的权力先后掌握在庾亮与王导手中，他一生的大部分时间就是在这两大权臣之间过着傀儡生活。

晋明帝死前，为维护皇权，本令代表不同门阀势力的护军将军的庾亮、太宰司马羕、司徒王导、尚书令卞壶、车骑将军郗鉴、领军将军陆晔和丹杨尹温峤等八人共同辅政，辅佐小皇帝司马衍。而晋明帝一死，朝权就尽归庾亮。庾亮辅政后，开始加强自己家族在朝中的地位。他首先联合门阀世族的力量剪除了以司马宗为首的宗室力量，巩固了门阀的地位，同时也为自己扫清专权的障碍。随后，庾亮采用法家思想，加强中央集权，想通过这一手段巩固自己在中央的权力。为解除藩镇对朝廷的威胁，他积极筹划解除藩镇的兵权，结果激化了朝廷与藩镇的矛盾，令苏峻反叛。

公元 327 年，苏峻反，第二年攻进建康。苏峻在建康烧杀抢掠，无恶不作。被困在建康的皇太后庾氏不堪侮辱，自缢而死，年仅八岁的小皇帝就这样又失去了母亲。第二年，苏峻之乱平。庾亮出镇外藩，朝政落到了王导手中。晋成帝没有了父母的保护与管教，生活在门阀势力的夹缝中，受到的教育也很不好，到成人时还不能识文断字。公元 243 年，这位傀儡皇帝在庾亮、王导死后不久，也莫名其妙地病死了。

晋康帝司马岳，字世同，晋成帝司马衍弟，在位只两年，和晋成帝一样，是一个傀儡皇帝。司马衍死后，司马岳被庾亮弟庾冰拥立为帝。晋康帝时，朝政掌握在外戚庾冰、何充手中。司马岳天生体弱多病，本不适合当皇帝。晋成帝司马衍死后，中书令庾冰以舅氏的身份当朝，他担心自己死后，庾氏家族的地位会被替代，于是说："国有强敌，宜立长君。"所谓强敌指的是北方的石虎政权。在庾冰的支持下，司马岳登上了帝位。康帝时期，是庾、王两家政权的最后尾声，这一时期，庾氏对王氏取得了压倒性的胜利，王允之死后，琅邪王氏就再没有能影响朝政的人了。而庾翼借北伐为名，侵占桓宣的襄阳后，庾氏家族的地位达到了顶峰。

晋穆帝司马聃为晋康帝子，字彭子。晋康帝早逝，当时晋穆帝只有两岁，尚不会说话，就被权臣弄上了皇位，而他在位十七年，死时十九岁，其时正是他将要弱冠，能够亲自执政的时候。

晋穆帝司马聃于公元 245 年九月被立为皇太子。当月，晋康帝崩，司马聃继皇帝位。十一月，庾冰死。庾冰死后，庾氏家族的地位逐渐被桓氏代替，其在朝中的势力迅速解体。而在桓氏取代庾氏之前，有一段相对平和的时期，这一时期各门阀世家的势力趋于相等，虽之间时有摩擦，但并不见有任何一家具有明显的优势。后桓温崛起，晋穆帝遂沦为桓氏的傀儡。

桓温胸有韬略，为一世奸雄。其先举兵灭蜀，从而声名大振。随后他苦心经营荆州，先后三次北伐，其功绩当时无人能及。公元 262 年五月，晋穆帝司马聃于显阳殿崩。史家对他的功过并无特别的评价。

晋哀帝司马丕，为晋成帝司马衍长子，字千龄。虽年长继位，但为权臣所制，在位近五年，无多能为，史书言病死，终年二十五岁。东晋一朝，壮年病故的皇帝着实太多，这也是历史上的一件怪事，或可说是一大悬案。

其实，早在二十多年前，就应以长子司马丕为帝，但当时，庾冰为保护家族利益，于是立晋成帝司马衍弟司马岳为帝。司马丕是一个看破红尘，醉心于黄老，一心想成仙的人。《晋书》中记载："帝雅好黄老，断谷，饵长生药，服食过多，遂中毒，不识万机，崇德太后复临朝摄政。"所以，晋哀帝司马丕也是一个毫无建树的皇帝。公元 263 年，司马丕于西堂崩。

晋废帝司马奕，哀帝司马丕之弟，字延龄，咸康八年被封为东海王，哀帝死，被立为帝王，在位只六年，即被桓温所废。咸安二年正月，司马奕被降封为海西县公，故史家又称他为海西公，于四十五岁病死，葬地不详。

桓温在第三次北伐进攻前燕时，因率军深入，供给被前秦所阻，结果大败而归。于是朝中桓温的敌对势力趁机诋毁桓温，桓温名望一落千丈。桓温性格两极，在这种情况下，他回师后不久，就直奔建康，造谣说晋废帝司马奕不谙男女之事，所生三子都为其嫔妃与其他男人通奸而得。司马奕则常常在宫中扮演女人，和弄臣鬼混。随后桓温上表太后褚蒜子，请废司马奕。蒜子出身江南世家，曾祖褚碧当过安东将军，祖父褚洽做过武昌太守，父亲褚裒是当时极为著名的文人。褚太后受封不久就成了寡妇，但在宫中的地位很高，几代皇帝的即位都是由她亲批。当她看到桓温的上书后，明白是发生了什么事，但面对当时的情况，她也没有办法，只好含泪照准了。

桓温废司马奕后，下令杀死了司马奕的三个儿子和三子之母，降司马奕为海西县公，徙居吴县，令吴国内史刁彝和御史顾允监察司马奕的一举一动。当年十一月，卢悚想造反，遣弟子殿中监许龙见司马奕，假称有太后密诏，奉迎司马奕兴复。司马奕听后本想接受，被其保姆劝止住了。许龙便问："大事将捷，焉用儿听女子言乎?"司马奕听后对答说："我得罪于此，幸蒙宽宥，岂敢妄动哉！且太后有诏，便应官属来，何独使汝也？汝必为乱。"随即令左右缚许龙。司马奕自知自己已经不可能再登帝位，此后为避免桓温寻借口杀害他，就装疯卖傻，纵情酒色，"耽于内宠，有子不育，庶保天年"。太元十一年（386）十月，司马奕于吴地病死。

晋简文帝司马昱，字道万，为东晋开国皇帝司马睿最小子。司马奕被废后，他被桓温推上皇位，在位只有几个月，就病死了，终年55岁。

晋简文帝司马昱性清心寡欲，尤善玄言。咸和元年（326），永昌元年（322），司马昱生母郑夫人死，时年司马昱只有七岁，号啕泣血，感动了晋成帝，后徙封为会稽王，拜散骑常侍。晋废帝司马奕即位后，因琅邪王绝嗣，又徙封司马昱为琅邪，封司马昱子司马昌明为会稽王。司马昱辞让不去，"故虽封琅邪而不去会稽之号"。司马奕被废，司马昱被桓温稀里糊涂地拉出来，成了皇帝。

桓温入朝后，大杀异己。先奏废了太宰、武陵王司马晞及子司马总，后奏请简文帝诛司马晞。简文帝不许，桓温又再三奏请，简文帝于是写手诏对桓温说：“若晋祚灵长，公便宜奉行前诏。如其大运去矣，请避贤路。”桓温这才不得已只好作罢。但还是废除了司马晞及其三子的职务，把他们迁到了新安。

简文帝入宫后，自知大限已到，但为家族与国家命运殚精竭虑，只几个月，就须发如霜。公元 373 年七月，简文帝病危，他一再派人请桓温前来安排后事，桓温都推托不至，无奈之下，他只好立自己的儿子司马曜为太子，撒手西去。

晋孝武帝司马曜，简文帝第三子，字昌明。司马曜继位时年只十多岁，也是少主即位。司马曜喜好“黄老”，万事无为，就是在简文帝去世时，他也没有流一滴眼泪。晋孝武帝临朝以后，更是终日醉生梦死，好酒喜色。虽有以谢安为代表的陈郡谢氏辅佐，处淝水战后的有为之时，但他听信谗言，为制约谢氏势力，而起用司马道子，以致酿成司马道子之乱，最后竟因一句戏言，被妃子杀死。

司马道子执政时期，孝武帝司马曜和司马道子，一君一相，整日以酣歌为务，“官以贿迁，政刑谬乱”。司马道子本身身体不好，却喜欢长夜之宴，每天喝得蓬首昏目，事情不到紧急关头，从来不管。

公元 396 年，司马曜与年已三十的张贵人吃酒作乐，司马曜于酒醉中对张贵人说：“爱妃你老了，过些日子我就要把你废入冷宫。”张贵人听后，一怒之下用被子蒙住司马曜，将他闷死了。事后，执政的司马道子竟将这件“大逆不道”之事不了了之了。《晋书》中说：“初，简文帝见谶云：‘晋祚尽昌明。’及帝之在孕也，李太后梦神人谓之曰：‘汝生男，以‘昌明’为字。’及产，东方始明，因以为名焉。简文帝后悟，乃流涕。及为清暑殿，有识者以为‘清暑’反为‘楚’声，哀楚之征也。俄而帝崩，晋祚自此倾矣。”

晋安帝司马德宗，孝武帝长子。是我国历史上第二个白痴皇帝。在位二十二年，最后被刘裕杀害。《晋书》中说：“帝（司马德宗）不惠，自少及长，口不能言，虽寒暑之变，无以辩也。凡所动止，皆非己出。”

司马曜死后，司马德宗以太子的身份即皇帝位，会稽王司马道子为太傅，行摄政。由此引发了王恭、殷仲堪等人以讨王国宝为名起兵的叛乱。司马道子在无奈之下，诛王国宝，暂时令王恭退兵京口。司马道子为防王恭、殷仲堪再次起兵，用其子司马元显为征虏将军，并率领卫将军府兵和徐州兵，用王国宝之兄王愉为江州刺史，并割豫州四郡使王愉为督，以监视王恭。结果，王恭联合殷仲堪、桓温之子桓玄再度起兵。司马道子以司马元显为征讨都督、假节，领兵讨伐王恭。司马元显使人劝说王恭手下大将刘牢之叛变，许事成后即以王恭的位号授他。刘牢之遂叛，投司马元显，致使王恭兵败被斩于建康。

此后，桓玄趁机吞并了殷仲堪等人，将势力扩大。在孙恩作乱时，桓玄攻破建康，杀死了司马道子父子。公元403年，桓玄令人写下让位诏书，宣布司马德宗已经禅位于他。公元404年，刘裕起兵攻进建康。桓玄抵挡不住，带着司马德宗和家人败逃到荆州。刘裕紧追不放，夺回了司马德宗，桓玄则在益州被杀。公元419年，刘裕为称帝而杀司马德宗。当时在市井流传“昌明之后只二帝”的谶语。于是刘裕又立了司马德宗的弟弟司马德文为帝。

晋恭帝司马德文，安帝司马德宗胞弟。刘裕杀司马德宗后，立其为帝，以应“昌明之后只二帝”的谶语，他在位只一年多，就被刘裕所废，东晋遂亡。

司马德文性格善良，司马德宗不能自理，生活上都由他照料。司马德文曾随大将军刘裕北征北伐，由此也可见他是个有胆略的人。公元 420 年，刘裕让他禅位，司马德文平静地说：“晋朝早已经失去天下了，现在禅位还有什么可遗憾的呢?”于是禅位。第二年，刘裕为绝除后患，派人将司马德文暗杀。

附 录

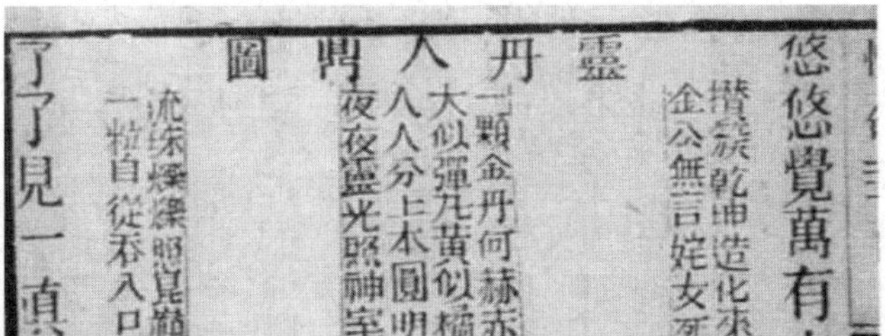

悠悠覺萬有之空似天雲變滅
攢簇乾坤造化來手搏日月煉成灰
金公無言姹女死黃婆不老猶懷胎
靈丹入門圖
一顆金丹何赫赤
大似彈丸黃似橘
人人分上本圓明
夜夜靈光照神室
流珠燦燦照崑巔九轉丹成只自然
一粒自從吞入口始知世有活神仙
了了見一真之體如掌珠圓明

一、西晋文学

西晋文学“体情之制日疏，逐文之篇愈盛”。西晋的士族制度加深了阶级鸿沟，士族文人远离现实，追求文学形式的华美。这种倾向在晋初的傅玄、张华等人身上就已经有所表现，到了陆机、潘岳遂发展到了严重的阶段。在西晋，只有左思、刘琨等个别作家由于身份与环境，在文学上表现了与现实相结合的特点。

傅玄、张华都是晋初的著名诗人。傅玄字休奕，生于公元217 年，出身较寒微，政治思想较为开明，常有针砭时弊的谏议，其“性刚劲亮直”，其言“谔谔当朝”，“使台阁生风，贵戚敛手”。

傅玄在文学上以乐府诗见长。除官场上应付实际的时文外，他的乐府诗中，有一部分继承了汉乐府民歌的传统，在诗中反映了社会问题，具有一定的现实意义。如《豫章行·苦相篇》、《秋胡行》、《秦女休行》等。

傅玄的爱情小诗也有较高的艺术成就。他在这一类诗上善用比兴，构思新巧，语简情深，清丽可喜。如其《杂言》：“雷隐隐，感妾心；倾耳听，非车音。”全诗只十二字，却表现了少妇思君听车音时如痴如醉的情态。另外，类似的爱情小诗还有《西长安行》、《短歌行》、《昔思君》等作品。但在傅玄的乐府中也有纯系机械模拟的作品。如《艳歌行》便是模拟《陌上桑》，他的这类创作开了后来西晋文坛上机械拟古的风气。

张华生于公元232年，死于公元300年“八王之乱”中，字茂先，同傅玄一样，出身寒微，但其后却官至显位。他是西晋少有的政治家、军事家。张华为人正直，史称“尽忠辅弼，弥缝补缺，虽当暗主虐后之朝，而海内晏然，华之功也”。“暗主虐后”指的是晋惠帝与贾后。西晋自泰始之后，名士多崇尚玄虚，张华是少有的保持一定儒家思想、胸怀愤激的人。在张华的《壮士篇》中，他说：“年时侥仰过，功名宜速崇。壮士怀愤激，安能守虚冲?”可见他对玄风十分不满。另外，他的《游猎篇》、《轻薄篇》中都对当时的颓靡世风进行了批驳，在内容上还保有汉乐府的精神。

另外，张华也有不少诗内容单薄，爱铺排对偶、堆砌典故和辞藻，显得繁缛乏味。这类诗有《博陵王宫侠曲》。在《诗品》中评他的诗“其体华艳，兴托不奇。巧用文字，务为妍冶”，这一评价也还是公正的。在艺术性上，张华以《情诗》较高。诗中写道：“居欢惜夜促，在戚怨宵长。拊枕独啸叹，感慨心内伤……巢居知风寒，穴处识阴雨。不曾远别离，安知慕俦侣?”其情真实动人，也较朴实。

在西晋太康、元康时期，文坛上出现有三张、二陆、两潘、一左。三张是指张载、张协、张亢，二陆是陆机、陆云，两潘则是说潘岳、潘尼，一左则是说左思。这一时期，因国家刚刚统一，因而出现了太康之治，社会经济有所恢复发展。这一时期的士人的诗词也多流于浮华，而少思想。

陆机，字士衡，吴大司马陆抗之子，吴亡入洛，成为太康时期的著名作家。陆机诗内容多是士大夫的一般感慨，竭力追求辞藻和对偶，因而流于堆砌呆板，更有机械地模拟前人之作。这类作品有《长歌行》、《苦寒行》和十二首模仿《古诗十九首》的《拟古诗》。陆机也有少数作品写得尚有可取之处。其《赴洛道中作》中有“远游越山川，山川修且广。振策陟崇丘，案辔遵平莽。夕息抱影寐，朝徂衔思往。顿辔倚嵩岩，侧听悲风响。清露坠素辉，明月一何朗。抚枕不能寐，振衣独长想。”该诗能比较形象地写出诗人去国远行途中的一些亲身感受，不甚铺排辞藻，这在他的诗中是很难得的。陆机在文学上的成就主要在赋与文上。其作品有：《叹逝赋》、《吊魏武帝文》、《演连珠》，其中最出名的当为《文赋》，是他精心结撰的论文名作，对后世很有影响。

潘岳，字安仁，荥阳中牟人。晋惠帝时，贾谧附庸风雅，于是有一批文人就聚集在了他的周围，被称为“二十四友”。“二十四友，岳为其首”，赵王伦肃清贾后一党时，潘岳被赵王伦的亲信孙秀所杀。《世说新语·文学》，孙绰说“潘文烂若披锦”，可见其文是多形式而少内涵，多华丽而缺朴实的。潘岳的作品，流传到今天的，以《悼亡诗》三首最为出名。其中有“帷屏无仿佛，翰墨有余迹。流芳未及歇，遗挂犹在壁”四句最为动人。此后，文人哀念亡妻的诗多用“悼亡”为题，就是受了他的影响。另外，潘岳对后世影响较大的诗还有《怀旧赋》、《寡妇赋》、《哀永逝文》等文。

张协，字景阳。他的诗“文体华净，少病累”，且又“巧构形似之言”。张协的代表作是《杂诗》十首。在内容上虽不脱闺中怀人之情、远宦思乡之感、伤怀才莫展、叹世路多艰之语，但内容广泛，情志高远，造语清新，都在潘、陆等人之上。

左思，字太冲，齐国临淄人，出身寒微。晋武帝时，左思妹左芬以才名被选入宫，遂举家迁到洛阳，官至秘书郎，以《三都赋》名显于世。他也是贾谧“二十四友”中人，贾谧被赵王杀，左思退居宜春里。后“八王之乱”中张方纵暴京师，左思便带全家逃到了冀州，并在几年后死在了那里。现存左思诗十四首，《文心雕龙》中说他“尽锐于《三都》，拔萃于《咏史》”。其《咏史》八首并非一时之作，而是于不同时期，抒发自己情感变化的作品。左思志高才雄，胸怀旷迈，富于反抗精神，所以他的《咏史》诗笔力矫健，情调高亢，气势充沛，具有浪漫主义的特色。从他的诗里还可以看到建安以来文学技巧的发展。在他的诗中既使用对偶，也讲求词藻，剪裁得当，没有了冗沓平弱的毛病，使五言诗在艺术表现上更为圆熟。除了《咏史》八首外，留存下来的左思作品中艺术成就较高的还有《娇女诗》，诗人使用俚语，生动地描绘了两个小女孩的天真情态，该诗对陶渊明、杜甫、李商隐的创作都有影响。而他的《三都赋》虽曾名动一时，但基本上是走汉代大赋的老路，文学价值不高。

刘琨，字越石，中山魏昌人，其一生很有传奇色彩，他早年生活浮华放荡，也是“二十四友”中人。在“八王之乱”中他左右逢源，后因机缘巧合出镇并州，而使他的后半生带有了民族气节。在《答卢谌书》中，刘琨自叙了他思想上的转变经过：“昔在少壮，未尝检括。远慕老庄之齐物，近嘉阮生之放旷……自顷辅张，困于逆乱，国破家亡，亲友凋残。负杖行吟，则百忧俱至；解然独坐，则哀愤两集……然后知聃周之为虚诞，嗣宗之为妄作也。”当时，刘琨为能让东海王司马越称帝，作为外援而出镇并州，任并州刺史、大将军等职，后西晋亡，他于北方辗转抗敌，后被后赵袭夺了并州，被迫投奔幽州刺史段匹磾，后为段匹磾所害。

现存的刘琨诗歌只有三首，都是他后期居并州和幽州时期所写，因而与社会现实联系十分紧密，有相当的爱国感情包含其内。永嘉元年(307)九月，刘琨赴并州任刺史，时北方羌胡并起，中原经“八王之乱”后民生凋敝，万里荒凉。在这一情况下他写下了《扶风歌》：

“朝发广莫门，暮宿丹水山。左手弯繁弱，右手挥龙渊。顾瞻望宫阙，俯仰御飞轩。据鞍长太息，泪下如流泉。系马长松下，发鞍高岳头。烈烈悲风起，泠泠涧水流。挥手长相谢，哽咽不能言。浮云为我结，归鸟为我旋。去家日已远，安知存与亡。慷慨穷林中，抱膝独摧藏。麋鹿游我前，猿猴戏我侧。资粮既乏尽，薇蕨安可食？揽辔命徒侣，吟啸绝岩中。君子道微矣，夫子固有穷。唯昔李骞期，寄在匈奴庭。忠信反获罪，汉武不见明。我欲竟此曲，此曲悲且长。弃置勿重陈，重陈令心伤。”

在这首诗中，诗人于前半篇表达了自己对故国的深沉眷恋，描写了赴任并州途中的困苦情况，以及自己不畏艰难前进的精神。但在这一篇诗词中所表达的还不是爱国主义思想，而是诗人对司马氏的忠诚，因为他此时去并州的目的就是为了能让东海王司马越称帝。

后来，北方形势对刘琨越来越不利，并州逐渐陷入孤立，而此时的刘琨在军事与政治上又都频犯错误，终于因没能正确地看清后赵的真实目的，而被石勒并吞并州，无家可归，最后只好投奔了鲜卑段匹磾。最初他和段匹磾相约共辅晋室，可由于其子刘群得罪段匹磾，遂被段匹磾囚禁，最后被害。在被段匹磾囚禁的时候，他曾给卢谌写信，希望他能够营救，这就是《重赠卢谌》一诗。诗中最经典的一段是这样写的："英雄失路，万绪悲凉……功业未及建，夕阳忽西流。时哉不我与，去乎若云浮。朱实陨劲风，繁英落素秋。狭路倾华盖，骇驷摧双辅。何意百炼钢，化为绕指柔！"在此时，刘琨因所处的身份与地位，使他确实具有了爱国主义思想情感。他的这一情感给后世留下了深刻的印象。宋代爱国诗人陆游在《夜归偶怀故人独孤景略》中有"刘琨死后无奇士，独听荒鸡泪满衣"的句子，当然这说得很不现实，但却表现了诗人对刘琨的赞许。元好问在《论诗绝句》中也说："曹刘坐啸虎生风，四海无人角两雄。可惜并州刘越石，不教横槊建安中。"这其中对刘琨同祖狄一样不能收复故国发出了无限的感慨。

西晋时期，玄学进一步发展，《诗品》说："永嘉时，贵黄老，稍尚虚谈，于时篇什，理过其辞，淡乎寡味。"在这种风气中产生的著名诗人是郭璞。郭璞，字景纯，河东闻喜人，博学有高才，好经术，通古文奇字，善五行天文卜筮之术，入东晋，因反对王敦谋反而被害。

郭璞是有收复中原的理想的。他在《答贾九州愁诗》中曾说："顾瞻中宇，一朝分崩。天纲既紊，浮鲵横腾……运首北眷，邈哉华恒。虽欲凌翥，矫翮靡登……庶晞(希)河清，混焉未澄。"但由于东晋政治混乱，他也知故国难复，为避祸于世，他在《答贾九州愁诗》的末尾又说："尤贵香明，终自澈渴。未若遗荣，闵情丘壑。逍游永年，抽簪收发。"他的这种思想在后世也是广有人缘的。

郭璞的代表作是《游仙诗》十四首。游仙诗这类题材起源很早，这类诗大体有两种思想倾向，一种是所谓正格的游仙诗，如“滓秽尘网，锱铢缨绂，餐霞倒景，饵玉玄都”一类的辞藻就是这类诗的特点；另一种是借游仙以表示对现实的不满与反抗。郭璞的《游仙诗》十四首属于后一种，借游仙以咏怀，具有一定的现实内容。在他的《游仙诗》第一首中这样写道：“京华游侠窟，山林隐遁栖。朱门何足荣，未若托蓬莱。”词句中所表达的正是诗人对现实不满，方有避世成仙的想法。

二、“书圣”王羲之

东晋有王、谢、桓、庾四大家族，这些家族的子弟世代都做高官。王羲之出身于著名的琅邪王氏家族，其伯父就是王导，他与大将军王敦为叔侄关系。王羲之的祖父王正，任过尚书郎。父亲王旷，曾任淮南太守。晋元帝司马睿南渡，首先就是由王旷倡议的。

王羲之像

王羲之自小不善于言辞，并没有过人之处。他十三岁时，去拜见名士周顗。周顗一见，就认为王羲之与众不同。当时流行一道名菜，叫烤牛心。周

颛 在满座宾客前竟首先割下一块牛心给王羲之吃。作为江北名士领军人物的周颛的这一举动使得宾客们大惊，将敬重的目光都不约而同地投向了这个十三岁的小孩身上。从此王羲之也就成了名人。

王羲之长大后变得性格爽直，学识丰富，能言善辩，在书法上更是造诣颇深。当时人评论他的书法是“飘若浮云，矫若惊龙”。王羲之的书法是有相当渊源的，他先习钟繇的书法，七岁的时候拜女书法家卫铄为师，也就是卫夫人为师。卫夫人是书法家卫恒的表妹，卫恒擅长草隶书，卫恒的父亲卫瓘，也是大书法家。王羲之得到卫夫人亲自指导，光临摹前人的字帖就花了整整五年的时间。他练起字来，吃饭、走路都不放过，没有纸笔就在身上画写，日子久了，衣服都被划破了。一次，他练字练得把吃饭的时间都给忘了，家人没办法，只好把饭送到了书房里。可是王羲之练得太投入了，不假思索地抓起糍粑蘸着墨汁，就大口大口地吃了起来，还吃得有滋有味……等到家人发现的时候啊——他早就“满肚子墨水”了！

比这更有意思的是，王羲之长大后的婚事竟然也和书法有关。王羲之的叔叔王导和太尉郗鉴是好朋友。一天，郗鉴对王导说：“我姑娘不小了，该给她找个婆家了。我想在你的儿子和侄儿中选一位，你看怎么样？”王导知道郗鉴的女儿既漂亮又贤惠，立马就同意了。

这下子王家的未婚男子们可忙碌起来了，一个个都把自己打扮得精精神神的，就等着郗家派人来看。郗家的人很快就来了。王导的儿子和侄儿个个都很英俊，来人看了觉得每一个都很不错，很难决定。这时候，来人发现在东厢房的胡床上斜依着一个男子，十分有趣。他好像忘记了今天要进行选婿，边幅不修，衣领大敞，低着头，专心地用一根手指在床头来回比画着，好像是在练字！来人回去后向郗鉴回报说：“王家的男儿都不错，只是知道要选婿，有那么点拘谨不自然，但东厢房里却有位公子，见我来了也不理睬，躺在床上，只顾着用手指在席子上比画着什么。”郗鉴听了，高兴地说：“东床那位公子，一定就是在书法上学有所成的王羲之。他含而不露，潜心学业，正是我理想中的女婿！”结果，最没把选婿当成一回事的王羲之，却稀里糊涂地成了太尉大人的“东床快婿”！从此，“东床”这个词也就成了女婿的美称了。

羲之爱鹅图

为了能进一步提高自己的书法造诣，王羲之还游历名山大川，临习凿刻在山壁悬崖上的碑文碑刻。一天清早，王羲之坐在一叶小舟里，静静地欣赏着绍兴山水。这时一群白鹅突然闯入眼帘，那粉红的脚掌在水下一屈一伸地拨动着，不知不觉地，王羲之看得入了神。他发现：“白鹅在水中游动时脚掌打水的动作，和书法运笔的姿势是那么吻合；一伸一缩，就好像一提一按，真是行如流水啊！”从这以后，王羲之喜欢上了养鹅，时常坐在池塘边，观察着鹅的一举一动。多少年的书法积淀，没想到在这摇摇摆摆的白鹅身上得以升华。经过进一步练习，王羲之终于达到了旷古绝今的境界，成为古今书法第一人。

不过王羲之生前并没想过自己以后会成为书法家，书法只是他的个人爱好而已。他和当时的士人一样关注着自己政治仕途的发展。王羲之最早出仕时先担任秘书郎，后被庾亮聘为参军，累迁为长史。庾亮临终前极力向朝廷推荐他，因此王羲之被提升为宁远将军、江州刺史。朝廷公卿赞赏他的才能，要他进朝担任侍中、吏部尚书，王羲之不愿在朝中为官，想出使边塞，但朝廷没有同意，而是任命他为右军将军、会稽内史。

当时殷浩与桓温不和，王羲之认为内外不和关系到国家的安

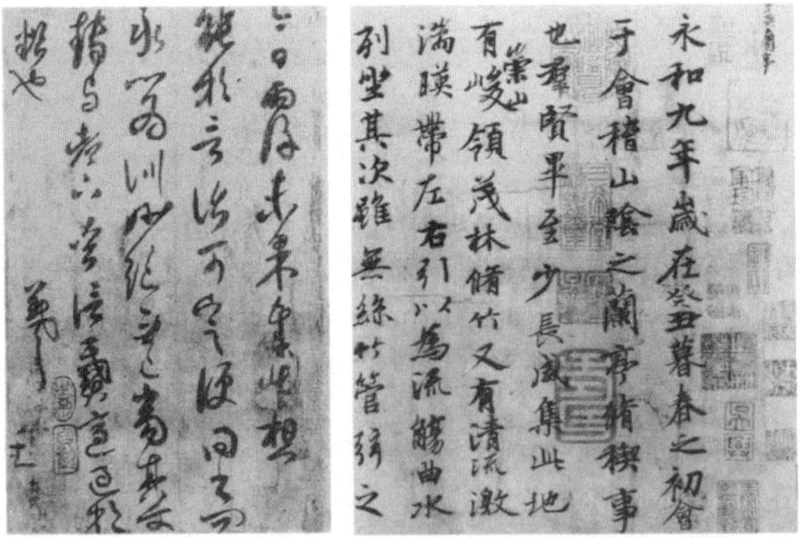

《兰亭序》帖卷

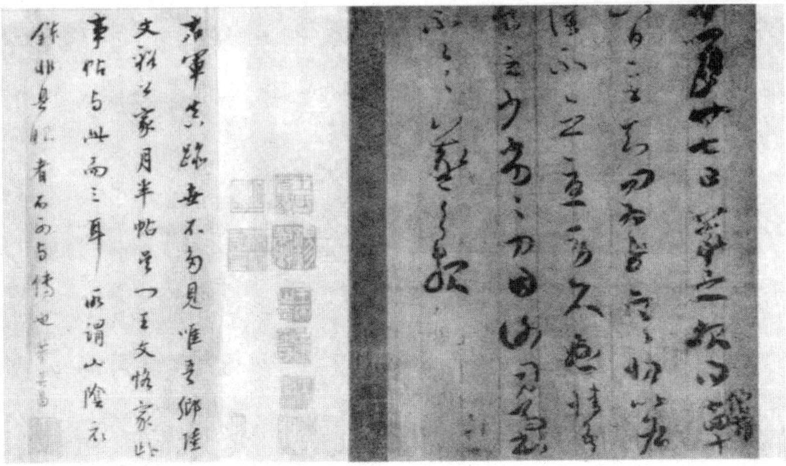

东晋·王羲之《寒切帖》

定。他多次写信给殷浩，希望殷浩能改善同桓温的紧张关系，而殷浩则不予采纳。不久，殷浩仓促北伐，王羲之又去信谏阻，殷浩不听，结果为姚襄所败。王羲之还劝会稽王司马昱说：“目前江南人民已穷困至极，朝廷应省刑减税，发展生产，抑制豪强，以增强国力，而不应仓促北伐，在国力不充实的情况下大举用兵是肯定会失败的”。王羲之还写信给谢安，对当时关系国家命运的漕运提出了建议，要求朝廷严惩失职官吏，同时对那些监守自盗、盗窃官米的仓督、仓监进行严厉打击。但东晋官场实在是昏昧不堪，多是浮华不实、好大喜功、满怀个人野心的人，如王羲之这样有着清醒头脑的人是难以施展才华的。久而久之，王羲之对政事逐渐厌倦，开始研读老庄，返回自然，寄情于山水，去追求顺心适意的个人生活。

会稽风景秀丽，山水妩媚。王羲之的政治理想无法施展，就与许多名士一起在山水中悠游。公元 353 年三月，王羲之在会稽山阴，依山面水的兰亭举行盛会。在兰亭会上，共有谢安等四十二位当时著名的士人参加。他们流觞赋诗，极尽欢娱，王羲之为纪念这次雅会，写下了书文并茂的千古绝调——《兰亭集序》。

公元 355 年，王羲之对东晋朝政心灰意冷，辞去了会稽内史的职务，醉心于老庄学说。此后王羲之与道士许迈等人交往，采药炼石，遍游东南山水，并曾到海上漂游。晋穆帝升平五年，即公元 361 年，王羲之去世，终年五十九岁。

三、谢安风流

在昏暗的东晋政治中，可说得上是杰出政治家的人，当是以指挥淝水之战取得胜利而名传古今的谢安。谢安，字安石，陈国阳夏人，其父亲谢裒，担任过太常卿。谢安也深受晋代玄风影响，特别注重个人的修养与精神境界的追求。

谢安在二十岁时，曾跑到名士王蒙那里去谈玄。当他离开后，王蒙的儿子王修问王蒙："这个客人怎么样？父亲好像很敬重他。"王蒙说："他来势不善啊，把我都逼得无路可走了。"因此，年轻时的谢安就已有了盛名。

谢安在四十岁以前，一直隐居在会稽的东山，与王羲之、孙绰、许询、支遁等人交往，徜徉在山水之间，过着优哉游哉、登高呼啸、临水赋诗的生活，拒绝出仕。朝廷、郡县、藩镇多次征召他为官，都被他拒绝，以致惹恼了朝廷，下令对他禁锢终身。但这条禁令无非是吓吓他而已，并未真正实行。谢安则对朝廷禁令毫不在意，反而乐得逍遥。

谢安纵情山水，却并非完全忘却现实。对现实政治，他有自己的看法，在精神生活上他亦有自己的追求。他追求潇洒风流的风度，闲雅从容的性格，注意培养自己以静制动的精神，以出奇的冷静来对待变化不定的客观世界。一次，谢安与孙绰等人共同乘船到海上远游。突然，海风大作，波汹浪高，以排山倒海之势向海船压了过来。此时，满船的人都被吓得脸色发白，而独有谢安稳坐不动，吟啸自若。船上的水手以为谢安是要继续前进，就顶风逆航，船也颠簸得更加厉害。这时谢安才慢条斯理地说："看来，我们只怕是该回去了吧！"水手这才转过舵来返航。谢安这种从容闲雅、遇事沉着冷静的性格已成为他的一种生活习惯，正是这种"镇之以静"的处世原则，使他在后来复杂的政治生涯中取得了成功。

公元359年，谢安终于出仕了。当时谢安的弟弟谢万为西中郎将，率兵抵抗燕军进攻。而这个谢万只知谈玄，不习军务。后来在行军中听说敌人来犯，他拍马就逃，造成大军不战而溃。事后朝廷追查责任，也只是罢免谢万官职而已。谢万被废黜对谢氏家族的威望影响很大。恰在这时，征西大将军桓温聘请谢安为征西司马，已四十一岁的谢安于是就不得不出山了。就在谢安去应召前不久，谢安还跟妻子、丹阳尹刘惔的妹妹有过一次摩擦。刘氏看不惯谢安不图进取的样子，就对谢安说："君家的伯伯叔叔都为官，都富贵，只有君隐居不仕，大丈夫难道不应该像君叔伯那样吗？"谢安听后，捂鼻而走说："俗气，俗气。"这次他出仕，都中许多官员都到新亭去送他。中丞高崧跟谢安开玩笑说："谢君累次违背朝廷旨意，高卧东山，人们都说：'安石不肯出仕，将把老百姓置于何地？'现在君出仕，真不知老百姓将把你置于何地啊？"谢安知他说的是弟弟谢万的事，于是神情异常尴尬。

尽管桓温对谢安特别尊敬优待，但谢安对桓温却并无好感。不久谢万病逝，谢安就辞去了司马一职。随后，朝廷又任命他为吴兴太守，旋即又调入京城担任侍中，迁吏部尚书，中护军。正在这时，桓温带兵入朝，谢安经历了这场重大事变的考验。

原来桓温窥视帝位已久，一直要挟着皇室。桓温原以为简文帝死前，会将皇位禅位于他，谁知却是让他如周公一样辅政。于是公元 373 年二月，恼羞成怒的桓温突然带领人马从姑孰动身来京。当时孝武帝才十岁，朝廷中最有声望的大臣就是谢安和王坦之两人。谢安为吏部尚书，王坦之为侍中。在年初，朝廷曾几次召桓温入朝，以辅佐小皇帝为名，想解除桓温的兵权，桓温则不加理睬。这次突然发兵来京，一时间，谣言四起，都知道他来意不善。在这种情况下，朝廷发出诏命，要谢安与王坦之到新亭去迎候桓温。王坦之接到诏书，极

谢安像

为害怕，便去找谢安商量，谢安平心静气地说：“晋朝存亡，在此一举，怕也无益啊，且见机行事吧！”

谢安、王坦之两人到了新亭，桓温早在壁后埋伏下了刀斧手，想杀掉王坦之和谢安。王坦之刚一迈进大厅，见到这种阵势就已经被吓出冷汗，手不停地颤抖，把手板都拿倒了。谢安则神色自若，他对桓温说：“我听说讲求道义的诸侯应该是驻守四方以护卫朝廷，今天明公为什么在壁后埋伏刀斧手呢？”桓温自知理亏，又见谢安如此沉着镇静，反而感到羞愧，只好解嘲似地笑着说：“这只是为了自卫啊！”于是向谢安赔罪，命刀斧手撤出，与他一直饮酒谈话，直到半夜。桓温原本气势汹汹地入京，而今慑于谢安等人的抵制，也只好到先帝山陵祭祀一通，返回姑孰去了。回姑孰后，桓温病重，知已经无法称帝了，就派人要挟朝廷赐给他九锡。谢安则故意拖延，以表文措辞不当，需加修改为名，反反复复折腾了十几天。不久，桓温终于病死，九锡之命也就不了了之。

桓温死后，谢安掌握了东晋朝廷的实权。孝武帝亲政，授予他中书监、骠骑将军、录尚书事职，不久又升任司徒，加侍中、都督扬、豫、徐、兖、青五州军事。谢安以静制动，以和制乱，处理了朝野内外许多复杂的政事。尤其于淝水击败前秦一事最为出名。在谢安执政期间，东晋王朝的内外相对稳定，为恢复南方的生产起到了一定作用。

谢安虽出将入相，但仍以名士自居，所以其一言一行都对大众有很大的影响。一次，他的一个同乡从任上免职回来，去拜见谢安。谢安问他宦囊是否丰富，这人回答说，只有五万把蒲扇而已。于是谢安拿了一把蒲扇来用，走到哪里，带到哪里。京城中士庶见了，竞相模仿，争买蒲扇，一时间蒲扇价格大涨，让这位乡人狠赚了一把。谢安有鼻炎，吟诗时鼻音很重。许多士人也把这作为风尚进行模仿，为了学他的声音只好捂着鼻子吟诵。人们对这种发音方式调侃为：洛下书生。

谢安晚年，会稽王司马道子专权，朝政又一落千丈。谢安就主动要求出镇广陵，以避开矛盾。公元385年，谢安去世，享年六十六岁。

四、桃花源中的陶渊明

东晋出了一位著名的田园诗人，他就是陶渊明。他的诗词对后世有着深远的影响。

陶潜，又名陶渊明，字元亮，生于公元 365 年，浔阳柴桑人。陶潜的曾祖父就是东晋初年著名的平民将领陶侃，曾左右时局一时，官至大司马，封长沙郡公。其祖父陶茂，曾做过武昌太守，父亲也曾当过安城太守。陶潜家境本非世家名门，不像王、谢那样的名门大族。虽然其曾祖父风光一时，有大功于晋室，最后被授予太尉、大将军，封长沙郡公，地位显要，但陶家毕竟是庶人出身，因而仍被士人看不起，甚至有人骂陶潜为“傒狗”。因此陶侃的显赫地位并没有给陶渊明带来家世的光荣。

陶潜的祖上留下一些产业，但到他父亲手里，逐渐败落下去，但仍有几处果园。父亲去世后，家道更为衰落。他八岁时死了父亲，跟随母亲和五岁庶出的妹妹一起生活。到十二岁时，家中除僮仆之外，就仅有母子三人相依为命了。正如陶潜自己所说，“少而穷苦，每以家弊，东西游走”，“弱年逢家乏，老至更长饥”，这种贫苦的生活则伴随他一生。

陶渊明小时受儒家思想教育，因而有“大济于苍生”的志向。然出身贫寒，使他的所有理想都化为泡影，无法施展自身的才华。而他的性格又耿介清高，“不戚戚于贫贱，不汲汲于富贵”，如果说性格决定命运的话，陶渊明就是一个典型的事例。陶渊明二十九岁时，因为生活所迫，做了江州祭酒，但受不了当时的社会风气，很快他就辞官回家了。在家里自耕自种，维持生活。

就这样，在柴桑住了六七年。三十五岁时，他做了桓玄幕僚，不久孟氏母亲去世，陶潜奔丧归里，守制二年。刘裕灭桓玄，陶渊明又做了刘裕的镇军参军；不久离开刘裕幕府，到建威将军刘敬宣幕下，任建威参军。公元405年，陶渊明四十一岁时担任了彭泽县县令。刚做了八十天，到年底，郡县派遣督邮来检查工作，县吏对他说：“须束带拜见督邮。”陶渊明叹口气说：“我岂能为五斗米折腰向乡里小儿！”于是把印一挂，辞职回家了。同时写下了一篇著名的《归去来兮辞》。自此，

桃花源

陶潜隐居乡里，不再出仕，在农村过着“衣食当自纪，力耕不吾欺”的劳动生活。

陶渊明生活在东晋末年，是宗教思想最为弥漫的时期。围绕着生死富贵的问题，当时不同宗教信仰的人，有着不同的看法。佛教中有人认为“神不灭”，人的形体不存在了，他的精神可以永存。道教中有人认为炼丹制药，可以飞升化仙。而陶潜与这些人的观点都不同。他题为《形影神三首》的诗词，否定了当时流行的各种说法，提出了对生死应有的认识以及如何活着的问题。他认为人死去了就形神皆灭，在对待生活上应当及时行乐。他对生死问题的认识是实事求是的，但他的观点具有明显的时代局限性，因而在如何对待这个问题上，落入命定论的牢笼。正如子夏所说“生死有命，富贵在天”。在陶潜的诗文集中，随时可以发现这种思想的流露。

陶潜对当时的社会是很不满意的。由于他生活的贫苦，就需要亲自参加劳动，这样他与劳动人民平等交往，使陶渊明深切地体会到了劳动人民的思想感情和愿望。丰富的生活阅历，真实的体会，终于使他在晋孝武帝太元年间，写下了千古名篇《桃花源记》，表达了他以及当时所有底层劳动人民的愿望。

陶渊明在《桃花源记》中叙述了一个神奇的理想国：故事发生在晋孝武帝太元年间，有一个武陵渔人，划着小船沿着一条溪水前行。他忽然看到一片桃树林。树林很大，一棵杂树都没有。当时桃花正开，无比鲜艳，渔人被桃花的美丽所吸引，继而前行，想看看这一片桃林究竟有多大。谁知在桃林的尽头有一座小山，山下有个洞，仿佛透出光亮。于是渔人弃船上岸，从洞里走进去。开头洞口狭窄，刚刚能容下一个人的身子，又走了几十步，开始变得宽阔起来。洞里面是一片开阔的田地，整整齐齐的房屋，粮田肥沃，池堰完善，处处种满桑竹。道路纵横，村舍之间，鸡犬相闻。道路上，来来往往的都是从事耕种的农民。无论是老人还是儿童，全都健康快乐。

村人看见来了陌生人，都大吃一惊，围拢过来问他是从哪里来的。渔人把经过情况说了，村人很久没有见到外人了，便邀请他到家里去，杀鸡斟酒招待他。据村人们说，他们的祖辈是在秦末为躲避战乱，携带妻子儿女结伴迁徙到这里，从此就与世隔绝，对外边的事物一无所知。于是就向渔人打听外边的情况，渔人就把从汉朝到魏晋时期的事说了一遍，村人听后都惊叹不已。此后，每户人家都请渔人去做客，就这样渔人在洞里待了几天后告辞回家了。临行前，村人要渔人不要跟外人说这件事。渔人也答应了。但渔人走出洞，找到自己的船，在返归途中，却一路做上记号。回到郡城，就将这件事跟太守说了。太守立即派人跟他去找，可按着他做的记号走，结果却迷了

《渊明醉归图》

路。至此桃花源就成了一谜。

陶渊明的桃花源自然是不存在的，但却真实地反映出了劳动人民希望过上的生活模式。也正因如此，一个乌托邦似的桃花源成为了古往今来人们理想中的美好世界。

陶渊明四十四岁那年，家里遭受了火灾，使得原本就不富裕的家庭在经济上又受到了很大损失。公元427年，时年六十三岁的陶渊明去世了。他生前曾撰有《五柳先生传》，这其实是他的自传。在《五柳先生传》里，陶渊明把自己描写为："闲静少言，不慕荣利。好读书，不求甚解。每有会意，便欣然忘食。性嗜酒，家贫不能常得，亲旧知其如此，或置酒而招之，造饮辄尽，期在必醉，既醉而退，曾不吝情去留。环堵萧然，不蔽风日；短褐穿结，箪瓢屡空，晏如也。常著文章自娱，颇示己志，忘怀得失，以此自终。"这些都是陶渊明对自己的真实"画像"。

五、才女谢道韫

中国历史上曾出现过一些才女，东晋谢道韫就是其中之一。谢道韫的身世经历带有悲剧色彩，她是东晋孝武帝时安西将军谢奕的女儿。谢奕为谢安的兄长，谢奕的儿子谢玄，在淝水之战中曾担任前锋都督。谢道韫出身在这样一个享有盛名的家族中，自小就受到良好的教养，加上她聪颖明悟的素质，在谢家众多同辈的兄弟姐妹中，她的才华十分出众。

有一次，谢道韫的叔父谢安看她在读《诗经》，就问她："你说《毛诗》中哪一句最好？"

谢道韫不假思索地回答说："《大雅·嵩高》中的'吉甫作颂，穆如清风。仲山甫永怀，以慰其心'这一句最好。"谢安也有同感，因而认为谢道韫具有高人雅致。

又有一天，正是冬季，谢家兄弟子侄举行家宴，边喝酒，边赏雪。谢安对小辈们说："你们看，外面纷纷扬扬正下着大雪。我要你们每个人打个比方，把这个情景描述出来。你们谁先说。"

侄儿谢朗随即应道："撒盐空中差可拟。"

众人一听，觉得比喻得很不错，都称好赞许。兄弟姐妹们听了，也都一时想不出更贴切的比喻了。谢安捋着长须，微微笑着，没有做声。就在这时谢道韫说："未若柳絮因风起。"如果说谢朗是从色泽与形状上描绘雪，而谢道韫则是从动态上写雪，用柳絮来形容鹅毛大雪满天飞舞的情景，的确更为生动并有意境。谢安听后不觉拍着大腿说："好！道韫说得好！"

谢道韫的悲剧要从她的婚姻上说起。在东晋是最讲门当户对的。东晋末年最大的两个家族就是王家和谢家。谢道韫嫁给了王羲之的儿子王凝之。王羲之有七子，长子王玄之早死，余下是王凝之、王徽之、王桢之、王献之，其中以王献之名气最大，继承了王羲之的书法，尽管在骨力上远不如其父王羲之。然而，龙生九子，各个不同，名门贵族出身的子女也并非都很杰出，王凝之就是一个庸庸碌碌的人。王凝之本人的素质其实并不差，他的书法在草书和隶书上也有一定成就。由于家族的关系，他很早就担任过江州刺史，被授予左将军，后来又担任了会稽内史。但他受社会风气影响，荒废政事，为追求长生，把全部精力都放在了信奉五斗米道上，是一个虔诚的五斗米道信徒。有意思的是，他最后却是被五斗米道领袖孙恩杀死。

为了能够得到长生，王凝之按五斗米道的规矩，布置了一间静室。成天在静室中祈祷、悔过、修炼。有时则去采药炼丹，幻想服食丹药而求得长生之道，以至于到了走火入魔的程度。

谢道韫对这位夫君王凝之很是不满意。她每次回娘家都要对叔叔伯伯诉苦道悲。谢安对她说："王郎是右军将军王羲之的儿子，你许配于他，还有什么不快乐的呢？"谢道韫快快地说："我谢家有叔父您，还有万叔父，在堂兄弟中有绍、朗、玄、川，可没想到天底下还有一个王郎！"显然这位女才子对夫君不关注国家大事，反而沉迷炼丹的行为很是不屑，其言下之意就是自己嫁的夫君与这些堂兄弟相比，哪个也不及。谢安听了，也只能不做声。

公元 399 年十月，孙恩发起了叛乱。他率五斗米道道徒从海上登陆，攻占了上虞，杀了上虞县令。随后孙恩又开始攻打会稽。王凝之此时担任会稽内史，总揽会稽郡大权。而这位王凝之在这黑云压城之时，不去组织守城，却只在衙署大厅中添了一个天师神位，每天在神位前焚香诵经，殷勤礼拜。当孙恩的叛军进至城下时，他还在那里借天兵天将呢。

最后，神兵没有降临，贼兵倒是攻城愈急。直到此时，王凝之才恍然醒悟，允许调兵防守。但兵力还未集中，孙恩军士已经上了城墙，而王凝之还在静室中闭门叩祷，忽有隶役进来禀报："贼兵已经入城！"他才惊起，带了几个儿子就逃，连谢道韫也撇下不顾了。但刚逃出城十里左右，王凝之就被贼兵追上，父子数人全部成了俘虏。

王凝之父子被押至孙恩面前。孙恩得知他是五斗米道道徒后，并不视为同道中人。他认为五斗米道中也有祸国殃民的贼党，王凝之就属此类，他们是教派的叛徒，无须姑息。于是信了半辈子五斗米道的王凝之就这样和儿子们一起被砍了头。

谢道韫听到丈夫与儿子被害的消息，心中自是十分悲痛。但她忍住悲伤，镇静下来，叫丫环仆人收拾了细软东西，各带刀枪，自己也揣上一把匕首，然后带着只有几岁的外孙刘涛，离家出城。可刚走不远，便遇到贼兵。贼兵见是内史家属，便上前抢掠，有一贼兵看谢道韫虽然已半老，但风韵犹存，竟上前调戏，反被谢道韫猛然抽出匕首，当场刺死。丫环与仆人也与贼兵展开搏斗，杀死数人。不久大量贼兵涌到，谢道韫被捉。

贼兵带谢道韫等去见孙恩。孙恩本是杀人不眨眼，但见到谢道韫的昂然正气，也不禁为这巾帼英杰所慑服，便放了她。而抓过刘涛，要将这孩子杀死。谢道韫忙冲上去紧紧抱住刘涛，大声说道："这是刘氏的后代，你跟王氏家族有怨，何关他族！你要杀他，就先杀了我！"孙恩为正气所慑，便叫手下将谢道韫和刘涛都放走。

谢道韫从此便留在会稽过着寡居的生活。后来孙恩战败，撤离了会稽。东晋委派刘柳为会稽太守。刘柳听说了谢道韫之名，特地去拜访。谢道韫也知刘柳为人，于是欣然相见。谢道韫坐在帷帐之后与刘柳太守对答，先向他诉说了自己的身世经历，然后回答了刘柳太守提的问题。会见后，刘柳离开谢家，他感慨地对僚属们说："谢道韫谈家事时，慷慨涕零，答我所问时，雅量高致，真是名不虚传的巾帼才女啊！"谢道韫一生所著诗、赋、诔、颂较多，有不少留传于后世。

六、“画圣”顾恺之

顾恺之，字长康，小字虎头，晋陵无锡人。东晋时期著名的画家。他出身于江南的士族家庭，祖上先后有多人出仕过孙吴和西晋政权。顾恺之祖父顾毗，字子治，晋康帝时任散骑常侍，后迁光禄卿，顾恺之的父亲顾悦之，字君叔，则历任扬州别驾、尚书右丞。

但顾恺之的仕途并不顺利，伴随着东晋政治的变化，辗转变动。最初，顾恺之先在桓温的大司马府担任参军，桓温死后，桓家旧人各奔东西。顾恺之也转而依附殷仲堪，任荆州刺史府的参军。殷仲堪被桓玄所杀，顾恺之又改投到了桓玄的门下。直到晚年，顾恺之才进入中央政府任散骑常侍，不久去世。

顾恺之的官职虽一直不高，但他颇有名气。当时，人们说顾恺之有三绝，即“痴绝、才绝和画绝”。所谓痴绝，是说他为人性格率真、通脱，喜欢谐谑，并带有痴呆的傻气。才绝和画绝则是称赞其诗文与绘画都已达到了相当的造诣。

关于顾恺之的“痴”，有这样一件事。一次，顾恺之把一橱珍存的画委托给桓玄保存，他知道桓玄性贪，为防止桓玄做手脚，就特意将橱门封了个严严实实。而桓玄却非常狡诈，他并没有动橱前的糊题，而是撬开画橱的后板，将画尽数盗走后，又重新将画橱钉好了。过了一些日子，顾恺之去取画橱，发现画已全部丢失。顾恺之知道是桓玄弄了花样，可他又不好发火，就风趣地说：“这些画大约能通灵气的，都已经修炼成仙，变化而去了。”

顾恺之像

顾恺之的文学作品传世的并不多。能够反映其文学成就的有《观涛赋》和《筝赋》。顾恺之的书法也很出色，但他的书迹遗留下来的只有《女史箴图》的楷书箴文，实在可惜。顾恺之的成就主要在绘画艺术上。

顾恺之是至今能够见到画迹的我国最早的著名画家。在我国美术史上，其地位可想而知。顾恺之是晋初著名画师卫协的弟子。在大约二十岁的时候，他就已经因绘画而出名。兴宁时期，瓦棺寺初建，僧众们求名士们打刹注疏。邀请有影响的士大夫们来寺内鸣钟击鼓，为佛寺扬名，捐款数额皆不足十万钱，而顾恺之却提笔注疏百万钱。大家都知道他很穷，却又不知道顾恺之的真实想法。到勾疏的时候，顾恺之选中寺内一殿，要求僧众空出一壁归他处理。他闭门一个多月，画得维摩居士像一幅，但却没有点睛。顾恺之对僧众讲：“我点好眼睛后，你们打开殿门。第一日来观看的人，每人交钱十万；第二日每人五万；第三日随便给钱。”僧众打开殿门后，画像光彩照人，一殿生辉，参观者拥挤不动，结果当天就收钱百万以上。

顾恺之一生的画作数额甚巨。唐人裴孝源的《贞观公私画史》一书收录的画就有《谢安像》、《列仙像》、《庐山图》、《虎豹杂鸷鸟图》等作品十七件；张彦远的《历代名画记》录有《异兽古人图》、《中朝名士图》、《笋图》、《荡舟图》等作品二十九件，三十八幅；《宣和画谱》收录其《女史箴图》、《斫琴图》等九件；此外散见众书的作品名目还有《列女仁智图》等二十一件，而实际数目，当然远不止这些。顾恺

《洛神赋图卷》

之创作的题材范围十分广泛，有人物肖像、道释世俗故事，也有山水、花卉、飞禽、走兽、游鱼等等。后人则称顾恺之为我国山水画、花卉画的远祖，古代画家中的全能画圣。顾恺之画人物善于注意表现对象的气度和性格。他在为裴楷造像时，借助细节的点缀，只在颊上加上了三笔毛，就使人像栩栩如生。在画谢鲲时，他则把谢鲲画在岩石中间，用背景衬托出了人物的豁达而又坚毅的性格。在画人物的时候，顾恺之强调描绘眼睛是重要环节，所以对点睛非常慎重。

顾恺之在继承和发扬先人现实主义优良传统的基础上，一扫古拙呆滞的画法，他用自己的画笔开拓了周瞻完美、生动活泼的一代新风。他的绘画理论和实践对后世影响极大。南朝著名画家陆探微师其画法。此后，张僧繇、孙尚子、田僧亮、杨子华、杨契丹、展子虔以至唐代的阎立本、吴道子、周昉等，无不摹写顾恺之的画迹，受到他的影响。可惜，由于时代久远，他的作品大部分都亡失了，留传下来的只剩下《女史箴图》、《洛神赋图》、《斫琴图》和《列女仁智图》。

七、晋朝历代皇帝年表

西晋(265—317)

帝位（姓名）	年号（使用年数）	继位时间
武帝（司马炎）	泰始（10）	265
	咸宁（6）	275
	太康（10）	280
	太熙（1）	290
惠帝（~ 衷）	永熙（1）	290
	永平（1）	291
	元康（9）	291
	永康（2）	300
	永宁（2）	301
	太安（2）	302
	永安（1）	304
	建武（1）	304
	永安（1）	304
	永兴（3）	304

	光熙（1）	306
怀帝（~ 炽）	永嘉（7）	307
愍帝（~ 邺）	建兴（5）	313

东晋(317—420)

帝位（姓名）	年号（使用年数）	继位时间
元帝（司马睿）	建武（2）	317
	大兴（4）	318
	永昌（2）	322
明帝（~ 绍）	永昌	322
	太宁（4）	323
成帝（~ 衍）	太宁	325
	咸和（9）	326
	咸康（8）	335
康帝（~ 岳）	建元（2）	343
穆帝（~ 聃）	永和（12）	345
	升平（5）	357
哀帝（~ 丕）	隆和（2）	362
	兴宁（3）	363
海西公（~ 奕）	太和（6）	366
简文帝（~ 昱）	咸安（2）	371
孝武帝（~ 曜）	宁康（3）	373
	太元（21）	376

附录